幼儿园区域游戏活动资源库

主题·融合
幼儿园区域活动设计

小班

主 编

李雅琴　周晓霞

副主编

赵雅岚　江山娇

编写者

赵雅岚　汪于綮　蔡婷婷
张　阳　白　橙　喻　晨
杨　倩　刘代红　戴燕英

南京师范大学出版社
NANJING NORMAL UNIVERSITY PRESS

图书在版编目（CIP）数据

主题·融合：幼儿园区域活动设计.小班/李雅琴，周晓霞主编.— 南京：南京师范大学出版社，2015.12（2022.8重印）

（幼儿园区域游戏活动资源库）

ISBN 978-7-5651-2347-4

Ⅰ.①主…　Ⅱ.①李…②周…　Ⅲ.①幼儿园–教学活动–教学设计　Ⅳ.①G612

中国版本图书馆CIP数据核字（2015）第224376号

书　　名	主题·融合：幼儿园区域活动设计（小班）	
主　　编	李雅琴　周晓霞	
丛书策划	魏　丽	
责任编辑	官军燕	
出版发行	南京师范大学出版社	
地　　址	江苏省南京市玄武区后宰门西村9号（邮编：210016）	
电　　话	（025）83598919（总编办）　83598412（营销部）　83598312（邮购部）	
网　　址	http://press.njnu.edu.cn	
电子信箱	nspzbb@njnu.edu.cn	
印　　刷	江阴金马印刷有限公司	
开　　本	787毫米×1092毫米　1/16	
印　　张	12.5	
字　　数	191千	
版　　次	2015年12月第1版　2022年8月第4次印刷	
书　　号	ISBN 978-7-5651-2347-4	
定　　价	40.00元	
出 版 人	张志刚	

南京师大版图书若有印装问题请与销售商调换

版权所有　侵犯必究

序
综合性区域是一种创新的探索

  南京军区空军直属机关幼儿园（也称南空小百灵幼儿园）的李雅琴园长读本科时，幼儿园教学实习去了政治部幼儿园。当时我是带队老师。21年过去了，她的实习表现还历历在目。李雅琴毕业后去了部队幼儿园，也就是现在的南空小百灵幼儿园，正因为如此，我跟这个幼儿园一直有着一些联系，去实习，去观摩，去指导课题，有时去得多一些，有时很少过去，但从没有间断过联系。她们所进行的探索和研究，我都了解，有时也给她们一些建议。因此，这个幼儿园以及园里的一群积极向上的老师也一直活跃在我的视野里。

  多年前，当很多地方还不是非常重视区域活动或者说仅仅把区域当作一种要求去落实的时候，南空小百灵幼儿园已经在大力地推动区域活动了。她们真正把区域活动当作是课程实施的重要途径，重点是探索在主题背景下的区域活动。我多次带学生去观摩她们的区域活动，还让大学生去观察她们的区域设置，然后按照自己的设计方案重新布置区域，说明重新布置的理由，最后复原幼儿园班级原有的区域。我多少次为儿童投入的活动感动，为儿童创造性的探究而感动，为儿童积极的合作而感动。我还清晰地记得十年前，这个幼儿园大班的儿童搭建神舟六号、选拔航天员、考核体检等一系列生动有趣的、具有想象力的活动。她们的实践有力地说明了区域是一种儿童喜欢的、多感官参与的、能让儿童获得有益经验的重要活动形式，在这种活动中，儿童感受到自由和自主，感受到挑战和愉悦。

在以主题为背景的区域活动中，主题的综合性特征在区域活动中得以继续延伸和发展；区域之间不是泾渭分明的，不同的区域之间是相互联系、有机渗透的，区域之间没有阻隔的网，儿童按照生活的逻辑，穿梭在不同的区域之中；儿童获得的经验不是单一的，他们根据需要与不同区域相互联系和协作；整个区域的场景就是生动的生活画面，就是儿童发挥积极性、主动性和创造性的场所。丰富的材料、可选择的机会、相互交往的欲望以及教师的鼓励、支持和期待是这种综合性的区域得以发展的关键所在。很多区域无须命名，很多空间无须细分，很多行为无须规定，儿童能找到他们自己心中最需要的感觉。

幼儿园的任何一种探索和尝试离不开一批想做事、能做事的老师，老师们没有务实、创新和投入的精神，难以取得今天的成绩。我很多次感受到老师们气氛热烈的教研活动，感受到老师们精益求精的作风。很多年前，我看到她们自己设计的一整套形状各异的积木时，就感觉到老师们与儿童的心灵是相通的，她们真正在为儿童创造一个属于自己的世界，她们真正在维护着儿童的幸福童年。

幼儿园课程建设是一项无止境的工作，需要不断地创新和实践。希望南空小百灵幼儿园的老师们不断总结经验，加强学习，继续为儿童的健康成长而努力！

虞永平于南京随园

2015 年 9 月 30 日晚

前 言

现今,学前教育领域的一个重要的教育理念——全人教育(即培养完整儿童的教育)逐渐被幼教工作者所关注。全人教育充分强调幼儿的主体地位,主张从幼儿的身心发展规律出发,给幼儿以适宜的形式和材料开展活动,从而使幼儿获得多方面的经验。在众多的幼教课程模式中,具有广泛影响的高瞻课程也突出强调幼儿的主动学习,它指出幼儿学习的最佳方式不是依靠教师手把手地教或传递,而应该是向幼儿提供丰富的材料,让幼儿与他人、活动有着直接的、亲身实践的经历和想法,通过与世界和周围人们的交流来构造他们自己的知识体系。在我国《3~6岁儿童学习与发展指南》(以下简称《指南》)中也明确指出,"要珍视游戏和生活的独特价值……最大限度地支持和满足幼儿通过直接感知、实际操作和亲身体验获取经验的需要"。这些教育理念、课程模式或国家指导性文件体现了当今学前教育领域共同倡导的发展定位与价值取向。其中的完整儿童、发展适宜性、主动学习等教育理念引起我们一线幼教工作者的思考:在实践中怎样"最大限度"地支持和满足幼儿获取经验的需要?

我园省级重点资助课题"幼儿园融合式区域活动的实践研究"[1],正是给予我们这样一个平台,从突破区域活动传统形式出发,依据幼儿的年龄特点及需求来创设具有游戏性、操作性和探索性的情境,实现主题背景下区域活动

---

[1] 课题主持人:李雅琴,课题编号:B-a/2011/02/047

与集体教学、生活活动的融合，区域与区域间的融合，引发幼儿的活动兴趣与探索欲望，让幼儿在亲手操作、亲身体验中自我发现，推动主动学习的发生。

经过五年的艰苦研究，我们积累了大量的一手资料，形成了这套《主题·融合：幼儿园区域活动设计》丛书，该套丛书既是我们课题研究的过程资料，也是我们的部分研究成果。

一、我们的理念

（一）区域活动是依托于主题情境的

情境认知理论强调：知与行是交互的——知识是情境化的，是通过活动不断向前发展的。因此课程的设计要以学习者为主体，内容与活动的安排要与人类社会的具体实践相联通，最好在真实的情境中。我们尝试以主题为背景，创设一种情境，一种实习场。实习场来源于现实生活，幼儿在实习场的学习是整体的、综合的、操作的学习，通过"做中学"，练习社会约定角色的行为，感知特定场景中的事物、规则，解决可能遇到的矛盾和困难。在这个过程中，幼儿过去的经验与当前的经验产生联系，他人的经验与自己的经验产生联系，幼儿经验获取最大化成为可能。

（二）区域活动是融合的

多元智能理论提出幼儿的发展应该是各个智能领域的全面发展。幼儿的发展是一个包括身体、认知、情感等多方面相互联系、相互制约的有机整体，他们是以"完整的人"的形象出现在课程中的。幼儿园课程必须是一个整体，而不是以发展幼儿的某一方面的技能为主要任务；幼儿园要关注所有幼儿，而且要关注幼儿发展的所有领域。融合式区域活动对幼儿多元智能的发展具有重要的价值。具体体现就是将区域活动与集体活动、日常活动进行有机整合，创设一个整合性的教育空间，符合幼儿身心发展的规律。幼儿的经验在这样有机整合的教育中能够得到最大程度上的习得、关联、整合与应用。

（三）区域活动是生活的

"让教育回归生活世界"是近年来学界的呼声。回归生活的幼儿教育，就要求幼儿园课程生活化。幼儿园课程生活化并不仅仅指课程承载生活技能，也不是将课程当作生活事件的堆积，它的本质是通过课程使幼儿真正处在一个自己的需要、兴趣、潜能都可能得到充分发挥的世界里，使幼儿的生命更具活力，更有力地成长。幼儿的发展特点和学习能力决定了幼儿园课程不能以传授系统的学科知识为主要任务，它必须在幼儿的生活中不断引导幼儿积累周围世界的经验。在区域活动中，我们是从幼儿的发展规律中设定目标，从幼儿的生活世界中寻找内容，以向现实经验的还原为指针，确定实施的策略，尽可能地利用现实生活环境引发幼儿的学习兴趣和发展幼儿的学习能力。

（四）区域活动是经验的

《幼儿园教育指导纲要（试行）》指出："幼儿园教育应尊重幼儿身心发展的规律和学习特点，充分关注幼儿的经验，引导幼儿在生活和活动中生动、活泼、主动地学习。"所谓经验可以指幼儿与他人或事物相互作用的过程，也可以指由这个相互作用的过程获得的感悟、认识、能力和情感等，还伴随包括这个过程的思维、反思等。因此，经验是最符合幼儿学习的特点和规律的，也是最适合幼儿需要的。在我们的课程中，主要依据幼儿已有经验和学习的兴趣与特点，灵活、综合地组织和安排各方面的教育内容，使幼儿获得相对完整的经验。教育活动内容的选择既应符合幼儿的兴趣和现有经验，又要有助于形成符合教育目标的新经验；既贴近幼儿的生活，又有助于拓展幼儿的经验。融合式区域活动是在《指南》精神的指导之下，通过将主题活动的核心经验与幼儿原有经验进行有效关联，让幼儿在参与的过程中获取较完整的相关经验，促进幼儿在集体活动、区域活动、日常活动等相关活动中获得共性经验与个性经验的相互融合、渗透，使幼儿的整体经验得到提升与整合。

二、区域活动的核心内涵——"融合"

"融合"本意指不同类型、不同性质的事物之间相互渗透、相互交叉的有机联系。从"融合"的视角可以发现传统的区域活动较缺乏"融合"的背景，幼儿要完全靠自己将习得的经验加以关联、整合、应用，是存在很大难度的。幼儿的经验习得可能是割裂的、不连续的、不完整的。从"融合"的途径来看，传统的区域活动大多与主题不相关，即使相关，也是部分相关。区域间无交互，缺少整体和整合的观念，更不要谈应用到生活当中了。

本课题中的"融合"是指传承创造性游戏、规则性游戏等区域活动的特点，重点突出在时间、空间、目标、内容等方面进行全面系统地设计、实践的一种创新的区域活动。这种活动的主要表现是在"主题情境"下，融入"工作"情境、渗透多元学习目标，让区域活动与集体活动、生活活动以及区域与区域之间相互渗透、有机联系与整合，尤为关注各种经验在区域活动中的渗透、延展与提升，促进幼儿在区域活动中主动探索、积极体验、获得相关经验，逐步养成良好的学习习惯。

三、融合式区域活动的实施

（一）融合式区域活动内容的选择

在融合式区域活动的设计中，我们最先关注的是实现活动内容的整合。"整合"不是部分的简单相加，而是从培养"身心和谐发展的完整的人"这样一个目标出发，让幼儿需要学习的内容、需要获得的关键经验回归幼儿的生活当中，按照生活的逻辑来组织、来开展。融合式区域活动通过结合主题活动的学习目标，提取核心概念与《指南》中提出的幼儿的学习经验进行关联，达到以"整合"促"整体"发展的效果。

（二）区域活动融合的路径

在研究中，我们尝试以主题为背景，以核心经验为线索，探索出三个层次上的融合路径：宏观上区域活动与主题融合（在主题背景下），中观上区

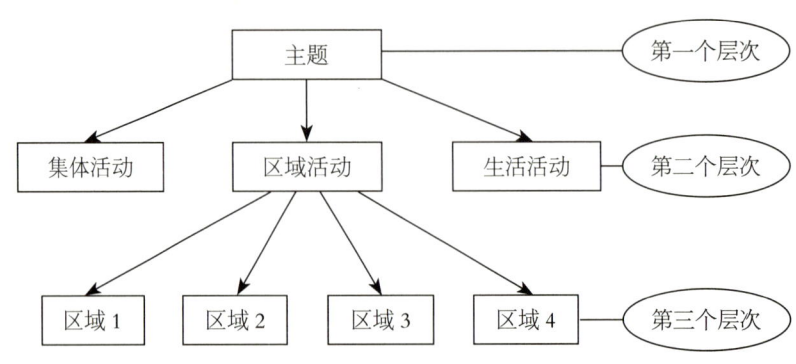

图 1　融合式区域活动的融合路径

域活动与集体活动、生活活动融合，微观上区域与区域融合（见图1）。

第一个层次：主题背景下的融合

主题活动体现了整合教育观，强调经验在幼儿生活与学习中的联系，是一个有机的网络化的结构。让区域活动与主题活动融合形成教育整体，不仅能有效支持主题活动的深入，更有利于幼儿有目的地探索体验，实现教育价值的提升。

第二个层次：区域活动与集体活动、生活活动的融合

1.区域活动与集体活动互为延伸、拓展、生成的关系，有机融合，促进幼儿新经验的生发。

2.区域活动与生活活动有机融合，来源于生活，创造性地反映生活，再回归到生活，使幼儿在富有生活化的区域活动中建构整体的经验，获得整体的发展。

第三个层次：区域与区域间的融合

我们打破传统区域活动"各自为政"的局面，通过游戏情节的发展需要来促进区域与区域之间产生有机联系。

（三）融合式区域活动的实施流程

基于融合式区域活动的内涵，我们规划了如下图所示的实施流程：

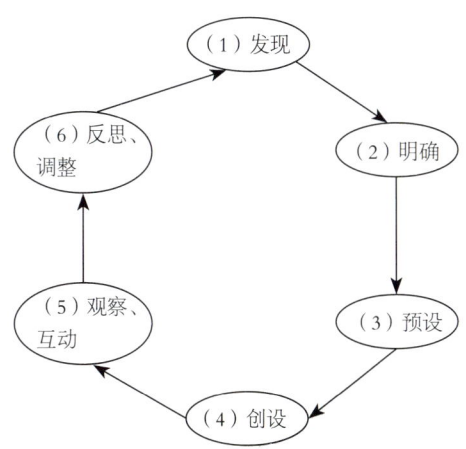

图2 融合式区域活动实施流程

1. 发现：观察幼儿活动，发现幼儿的兴趣点，分析幼儿的已有经验及发展需要，生成主题活动。

2. 明确：明确主题活动开展的核心内容及路径。

3. 预设：预设幼儿在区域活动中可能会获取的具体经验，确定学习目标。

4. 创设：教师与幼儿共同创设区域环境，制作区域材料。

5. 观察、互动：教师观察指导，与幼儿互动，提升经验。

6. 反思、调整：教师根据幼儿参与活动情况反思并进行调整。

（四）融合式区域活动的组织方式

1. 时间组织

很多幼儿园往往在上午黄金时间段都是以集体教学为主、游戏为辅，一日生活环节教师集体要求多、统一活动多，缺少对幼儿个体的关注和有针对性的指导。为改变这种状况，我园改变了作息时间：在每天 9：00—11：00、15：00—16：00 这两个时间段中，教师可依据活动的需要、孩子的兴趣，灵活安排集体或区域活动时间。我园集体活动与区域活动出现了三种组合方式：先集体活动后区域活动，先区域活动后集体活动，区域活动、集体活动合二为一。区域活动、集体活动之间的界限越来越模糊，区域活动正逐步取代集体活动的地位。这样既保证了老师的个别指导，又提高了幼儿自主学习的兴趣。

2. 空间组织

在空间组织上，融合式区域活动注重区域格局灵活整合，区域设置适当固定，避免过多的桌椅移动。同时打破按领域划分区域的常态，适度进行区域整合，根据主题活动的变化而变化。区域与区域的关系可分为并列关系、包含关系、转换关系（见图3）。

四、实现成效

（一）促进幼儿的整体发展

融合式区域活动是以幼儿经验为基础和源泉架构出来的活动类型，既注重幼儿经验的直接体验，更关注幼儿学习与发展的整体性。幼儿在区域活动中，

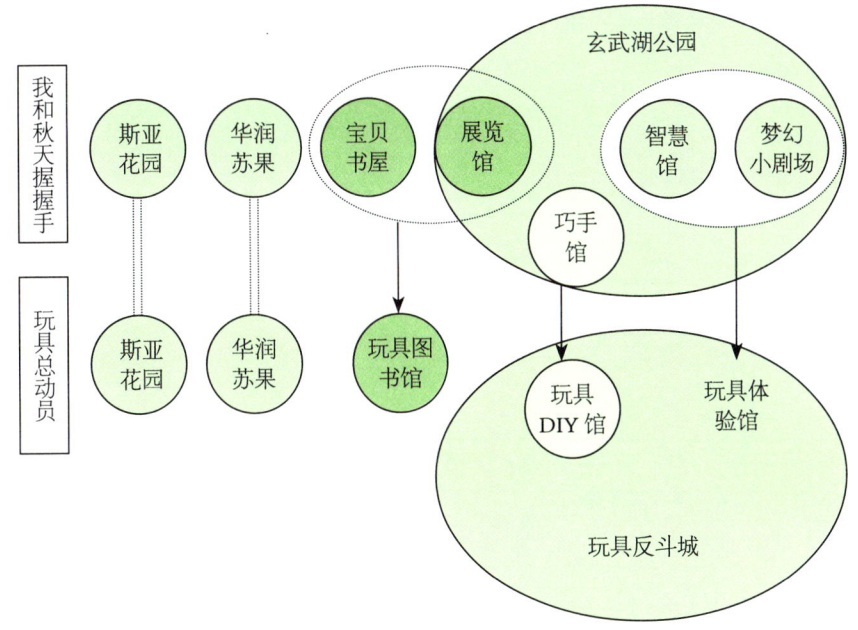

图 3　区域活动空间布局转换图

其经验是综合的,不会出现语言、社会、认知、动作等领域的割裂或具有孤立的单一性。同时,教师从幼儿的经验出发进行指导的行为也是整合的。

(二)促进教师的专业化成长

首先形成了教育整体的观念。我们区域活动的设计是基于幼儿整体经验的发展,是一个有机融合的系统。其次提升了教育技能,特别是环境创设、观察指导幼儿的能力。重视材料、学习共同体的隐形指导作用。依据幼儿已有经验,提供支架性材料,引导幼儿沿着教师搭建的支架主动建构、延伸、拓展与应用自己的经验。这样的指导带动了区域活动质量的提高,促进了幼儿经验的发展,提升了教师教育实践的智慧。

(三)丰富幼儿园区域活动的类型

本课题以"融合"作为切入点,总结出了全新的区域活动类型,即点状、线状、网状融合式区域活动。

1. 点状融合式区域活动。分为以点带面型(见图4)和以面聚点型(见

图5）。前者是从核心区域慢慢辐射到其他区域。后者是由几个区域慢慢聚焦到一个区域上。

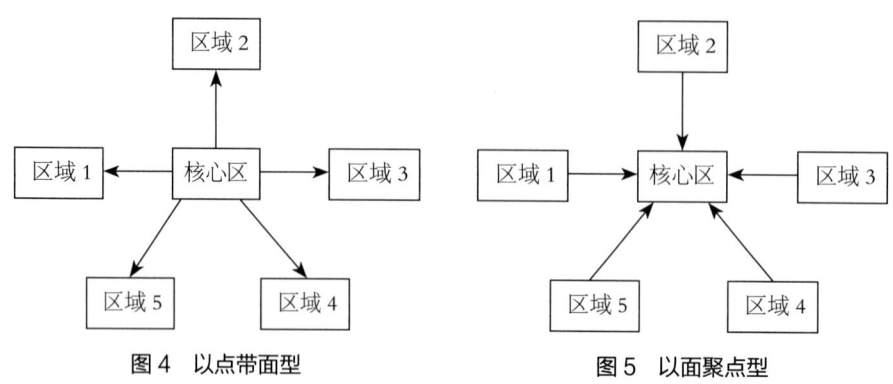

图4　以点带面型　　　　　图5　以面聚点型

2. 线状融合式区域活动（见图6）。这种类型有一个起点区域，在发展的过程中慢慢推进，产生其他区域。

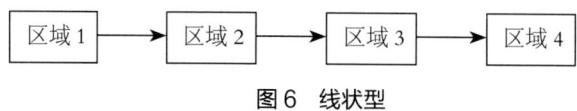

图6　线状型

3. 网状融合式区域活动（见图7）。这种类型是每一个区域都与其他区域有机关联。

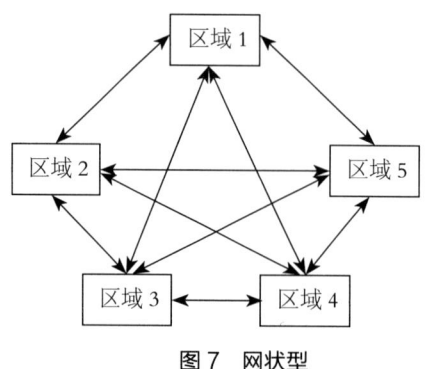

图7　网状型

在课题研究期间,我们自始至终得到了南京师范大学虞永平教授在课题选择、方向引领、平台提供等方面的大力指导与帮助。虞永平教授一直致力于课程的研究,关注课程游戏化。他用先进的教育理念与务实的工作态度引领着我们全园老师在课题研究的道路上不断地前行,虽然艰辛,但成长的过程充满快乐。他推荐了大量的相关书籍资料,帮我们联系青岛、上海、厦门等相关区域研究的幼儿园,带领学生深入教学一线,贴近儿童,也贴近我们老师……渐渐地,我们的幼儿观、教育观发生了改变,我们学会走进幼儿内心,学会分析幼儿行为背后隐含的信息,继而采取适当的应对措施。

幼儿园的课题研究也得到了各级主管部门领导、专家的悉心指导和大力支持。在此,感谢江苏省教育科学院规划办公室蔡守龙副主任、原江苏省教育科学院幼儿特殊教育研究所尹坚勤所长、南京市教科所姚慧主任、玄武区教科所杨相红所长、江群老师以及玄武区教师发展中心宋云梅老师在课题研究过程中给予的具体而实际的帮助。

需要指出的是,我们清醒地认识到研究中还存在许多不足,例如对融合式区域活动的内涵思考、融合路径、评价体系的研究等方面比较薄弱。我们的实践也只是初步的,想成为一种新型有效的活动课程,为大家所接受,还需要将研究成果扩大范围进行验证修改。同时,我们也期待关于融合式区域活动的研究能引起学界的广泛关注与重视。

南空小百灵幼儿园
"幼儿园融合式区域活动的实践研究"课题组

目　录

序 ··· 001
前言 ·· 001

全家总动员

区域活动概述 ·· 003
课程目标网络图 ·· 006
主题实施图例 ·· 007
主题活动一览表 ·· 008
区域的实施 ·· 011
　　区域一：花园小区 ·· 011
　　区域二：贝贝休闲屋 ··· 021
　　区域三：宝贝书屋 ·· 035
　　区域四：美家设计屋 ··· 044
　　区域五：爱家建筑屋 ··· 054
　　区域六：欢乐小舞台 ··· 064
附集体教学活动 ·· 077
　　活动1　舒适的家（社会） ·································· 077
　　活动2　小动物找家（语言） ······························· 078
　　活动3　我家的物品（科学） ······························· 080
　　活动4　办家家（音乐） ····································· 083

活动 5　歌唱游戏　小雨点按门铃（音乐）……………………… 084
活动 6　我的家人（社会）…………………………………… 086
活动 7　儿歌　我有一个幸福的家（语言）………………… 087
活动 8　亲密家人大集合（数学）…………………………… 088
活动 9　我家有几口（音乐）………………………………… 089
活动 10　小猪的妈妈不在家（语言）………………………… 090
活动 11　学做小主人（社会）………………………………… 091
活动 12　妈妈，我爱你（语言）……………………………… 093
活动 13　让爱住我家（音乐）………………………………… 094
活动 14　爱的甜甜话（语言）………………………………… 095
活动 15　我是怎样长大的（社会）…………………………… 096
活动 16　红花献给好妈妈（社会）…………………………… 097

车子真能干

区域活动概述……………………………………………………… 101
课程目标网络图…………………………………………………… 104
主题实施图例……………………………………………………… 105
主题活动一览表…………………………………………………… 106
区域的实施………………………………………………………… 108
　　区域一：宝贝书屋…………………………………………… 108
　　区域二：汽车俱乐部………………………………………… 118
　　区域三：汽车展览中心……………………………………… 127
　　区域四：汽车纪念品商店…………………………………… 135
　　区域五：花园小区…………………………………………… 147

附集体教学活动 ·· 162

   活动1 我家的车（社会）·································· 162

   活动2 车有几辆（数学）···································· 163

   活动3 儿歌 马路上的车（语言）······················· 165

   活动4 我的小汽车（美术）································ 166

   活动5 会唱歌的车（社会）································ 167

   活动6 这是什么车（音乐）································ 169

   活动7 爱心救护车（体育游戏）·························· 170

   活动8 小火车开来了（数学）···························· 171

   活动9 安全小乘客（健康）································ 172

   活动10 大家来坐车（数学）······························ 173

   活动11 公交车开来了（美术）·························· 174

   活动12 红绿灯会说话（社会）·························· 175

   活动13 认标志讲安全（社会）·························· 176

   活动14 还有谁要上车（语言）·························· 178

   活动15 开车歌（音乐）······································ 179

   活动16 大家来开车（健康）······························ 180

全家总动员

📦 区域活动概述

一、主题背景

家是幼儿生活最密切的场所，家人是幼儿最亲密的人，也是给幼儿最多亲情体验的人。学龄前幼儿虽然每天都生活在家庭环境中，但是家的环境、家人对于他们来说是既熟悉又缺乏关注的。幼儿园应帮助幼儿有意识地用多种感官、多种方式去感知自己的家庭环境，如室外的小区设施，室内的结构设备等物质环境，以及爸爸妈妈等家庭成员的职业、爱好等精神环境等，帮助幼儿有意识地认识自己的家，深入了解自己的家人，感受和家人一起生活的甜美，逐步体会父母对自己的爱，进而用语言和行为表达爱，让家庭更加温馨与和谐。

二、主题背景下区域活动的产生与发展

主题活动"全家总动员"的核心概念有三个：温馨的家、亲亲我的家人、"爱的表达"。

1. 主题活动第一阶段——温馨的家，主要感知家的物质环境，表达对家环境的认知。

"花园小区"即娃娃家，是幼儿最喜欢的区域，他们对"爸爸""妈妈"的角色有了初步的认知。前期娃娃家区域活动的开展是为了缓解初入园幼儿对家的依恋和思念。随着"全家总动员"主题活动的开展，在该阶段，教师将娃娃家中的物品拍照并制作标记，参与娃娃家活动的幼儿共同整理家中的

物品,将家庭物品按照标记进行整理摆放,引导进行幼儿关注家庭环境的布置,学习有序地布置环境。

教师在"贝贝休闲屋"提供了家具、瓷砖等材料,通过摆放家具、装饰墙壁等活动,进一步感知家庭环境、家中物品对家的重要性。

在集体活动"舒适的家"中,教师请几位小朋友拍摄家的录像并介绍自己的家。为了让更多的幼儿愿意介绍自己家的环境,教师请家长帮助幼儿将自己家的环境照片制作成小书《我的家》,将这些小书放到"宝贝书屋",幼儿在区域活动时可以自由翻看,相互介绍自己家的环境,感受家的美好和温暖,提高语言表达能力。教师还提供了"帮小动物回家"活动的操作材料,通过帮助不同的动物找到自己的家,了解动物的家在哪里,进行知识的拓展。

"美家设计屋"是以美术活动为主的区域,幼儿在此变身小设计师,给房子涂色并装饰。有了角色,幼儿在涂色活动中玩得不亦乐乎、非常认真。对于处在前运算阶段的小班幼儿,教师提供的房子底图不仅多样,而且较细致,便于他们发挥想象"创作"作品。

在"爱家建筑屋"里幼儿扮演小小建筑师,可以运用各种小积木设计、搭建自家的房子,从而发挥幼儿的想象力,锻炼幼儿的空间思维能力。

2. 主题活动第二阶段——亲亲我的家人,主要围绕了解家人,增进对家人的情感来开展。

在"贝贝休闲屋",教师设计了"亲密家人大集合"的数学活动,将幼儿的全家福照片作为操作材料,通过点数照片上的人,让幼儿了解家中有几口人,同时将5以内数的点数活动渗透其中。

"小小建筑师"在前一阶段设计、搭建房子经验的基础上。现阶段"小建筑师"们相互合作,将一幢幢小房子连接起来,添加"小花""路灯""道路""水池"等设施,创建出一个小区的场景,以此表达对家的概念。

"宝贝书屋"新增了"我的家人"小书,让幼儿从对物的感知过渡到对人的感知。

"欢乐小舞台"是小班前期开展过活动的区域,幼儿已经有了表演的经验,为了丰富幼儿的表演活动，在主题活动进行到第二阶段时，将第一阶段主题活动中学习的《我有一个幸福的家》《办家家》等儿歌、歌曲制作成骰子标记，让幼儿在"转骰子"的活动中确定表演的内容，主动地复习、练习、表演。有了原有经验的支撑，幼儿在活动中能较好地遵守活动规则，同时又因为有了新的表演内容，更激发了幼儿新的表演欲望。

由于"欢乐小舞台"的"开业"，娃娃家的"爸爸妈妈"自然地带"宝宝"去"欢乐小舞台"看演出了。同样有前期带"宝宝"玩红山动物园（积木建构动物）的经验，娃娃家的"爸爸妈妈"自发地来到"美家设计屋"参观小设计师设计的房屋。

3. 主题活动的第三阶段——"爱的表达"，在活动中感受和家人在一起的幸福，表达自己对家人的爱。

幼儿在语言活动"爱的甜甜话"中学说甜甜话，教师鼓励幼儿回家对家人说甜甜话，在区域活动中，又鼓励幼儿对同伴说甜甜话。

"花园小区"的"爸爸妈妈"也在扮演爸爸妈妈的过程中学习父母表达对孩子的爱，我们还鼓励幼儿在生活中也用甜甜话和做力所能及的事去回报父母。

在"宝贝书屋"，通过幼儿自制的相册了解自己的成长过程，我们随机生成了集体活动"我是怎样长大的"，使幼儿了解长大成人的共性规律，对成长过程中爸爸妈妈的付出有进一步的了解，从而萌发对爸爸妈妈的感激之情。

"美家设计屋"的设计师首先为"爸爸"设计领带、为"妈妈"设计太阳镜，制作完毕，小设计师自发将领带送给娃娃家的"爸爸妈妈"。在"贝贝休闲屋"里的小朋友，通过看标记设计小包，将小包也自发送给娃娃家的"妈妈"或朋友，在送礼物的过程中还会以甜甜话表达喜爱之情。"欢乐小舞台"有了新节目——表演歌曲《让爱住我家》《我的好妈妈》等。

在此阶段，随着主题活动的深入，各区域间自然交流。

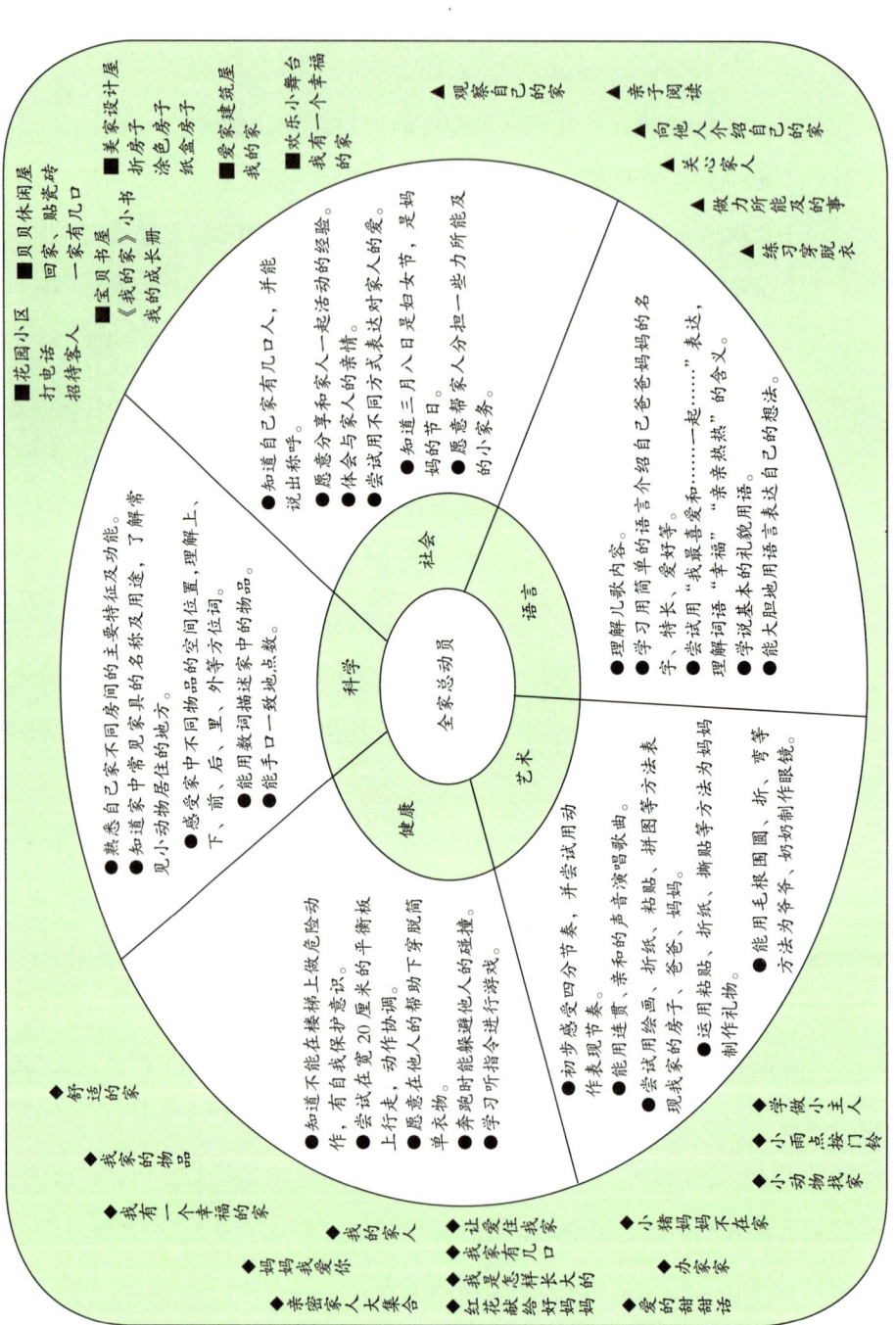

主题实施图例

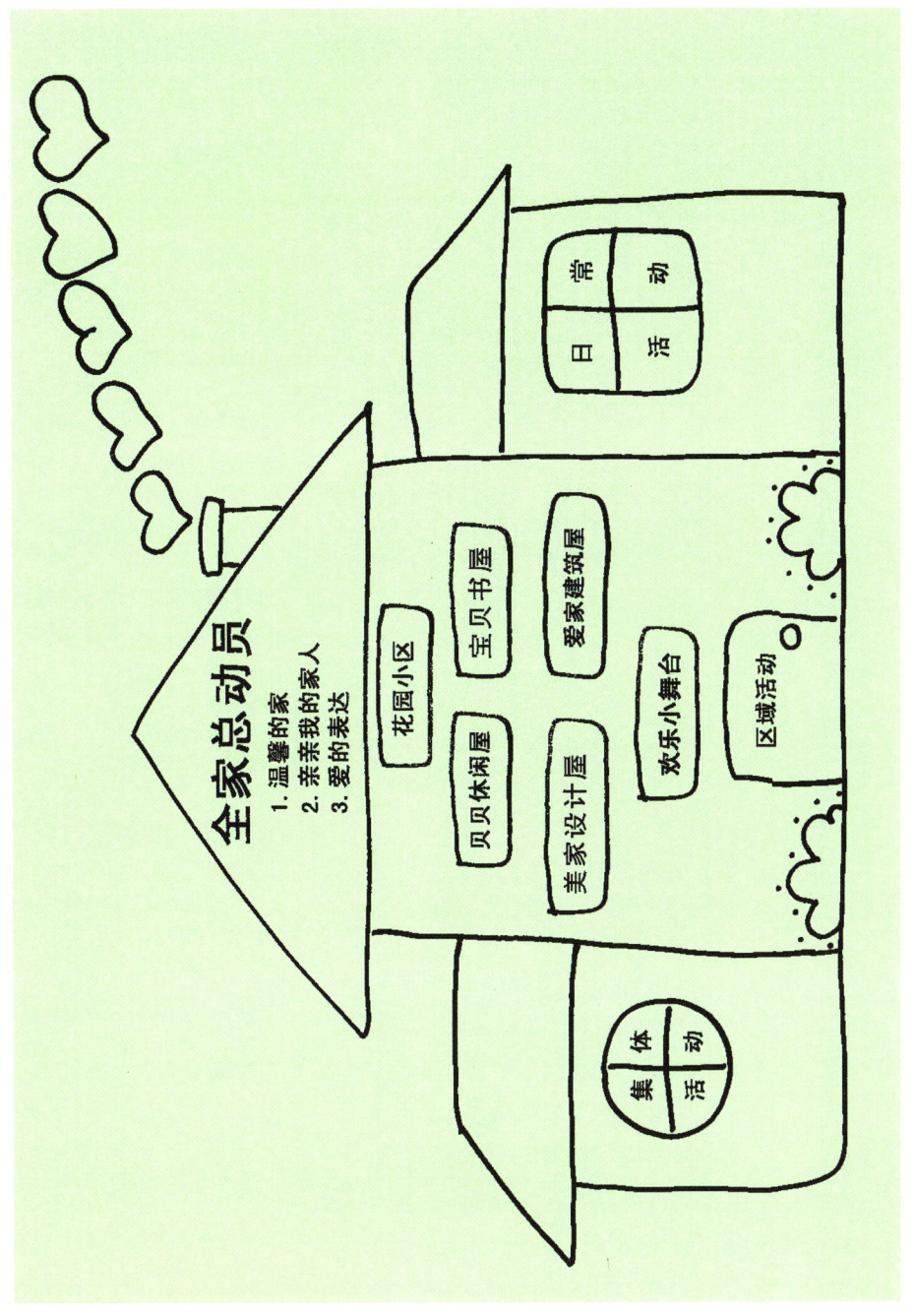

"全家总动员"主题活动一览表

活动进展	核心概念	目标及经验	活动方式		
			集体活动	区域活动	日常活动
第一阶段	温馨的家（感知家的物质环境，表达对家环境的认知）	1. 知道自己家小区的名称，愿意和同伴讲述自己家的位置，喜欢自己的家 2. 通过儿歌、游戏等活动了解小动物居住的地方，感受家的温暖 3. 熟悉自己家不同房间的主要特征及功能，会区分不同房间的功用，喜爱自己的家 4. 知道家中常见家具的名称及用途，愿意向同伴介绍自己家中的家具，并在扮演爸爸妈妈的活动中尝试整理家中物品 5. 认识家中灯、床、桌、椅等物品的空间位置，理解上、下、前、后、里、外等方位词 6. 体验和发现自己家中有很多地方都要用到数字，能用数词描述家中的物品 7. 初步感受四分节奏，并尝试用动作表现节奏，体验扮演爸爸、妈妈一起做饭的快乐 8. 尝试用绘画、折纸、粘贴、拼图等不同的方法表现"我家"的房子，表达自己对家的认知 9. 能双脚灵活地上下自家的楼梯，知道不能在楼梯上做危险的动作，有保护自己的意识 10. 尝试在宽20厘米的平衡板上行走，动作协调 11. 愿意在爸爸妈妈等的帮助下穿脱简单衣物	1. 社会： 舒适的家 2. 语言： 小动物找家 3. 科学： 我家的物品 4. 音乐： 办家家 ★生成活动 5. 音乐： 小雨点按门铃	区域一：花园小区 1. 整理物品 2. 打电话 区域二：贝贝休闲屋 1. 回家 2. 我的家（福禄贝尔） 3. 贴瓷砖 4. 甜甜家居 区域三：宝贝书屋 1. 阅读家庭生活图书 2. 讲述《我的家》 3. 帮小动物找家 区域四：美家设计屋 1. 装修我的家 2. 折纸房子 区域五：爱家建筑屋 1. 我家的房子	1. 能双脚灵活地上下家里的楼梯 2. 乐意向老师和小朋友介绍自己家小区的名字 3. 熟悉家中物品的摆放位置 4. 发现家环境中的数字 5. 在爸爸妈妈的帮助下穿脱衣服

续表

活动进展	核心概念	目标及经验	活动方式		
			集体活动	区域活动	日常活动
第二阶段	亲亲我的家人（收集家人的信息，感受和家人一起的幸福）	1. 知道和自己一起生活的家庭成员与自己的关系，了解他们的特长、爱好等，愿意大胆介绍他们的信息 2. 能口齿清楚地念儿歌，理解词语"幸福""亲亲热热"的含义，体会家人在一起的幸福 3. 喜欢和爸爸妈妈等家人一起阅读，理解图书上的文字是和图画对应的，是用来表达画面意义的 4. 愿意与熟悉的长辈一起活动，长辈说话时能认真听，愿意帮长辈做力所能及的事情，感受与成人交往的快乐 5. 知道自家中有几口人，能手口一致地点数家庭成员的数量，正确感知5以内数量 6. 学习用替换歌词的方式演唱歌曲，表达对家人的关心和爱 7. 愿意用剪、贴等方式设计、制作送给爸爸妈妈的房屋 8. 外出时知道紧跟在家人身边，不轻信陌生人的话，有自我保护意识和能力	6. 社会： 我的家人 7. 语言： 我有一个幸福的家 8. 数学： 亲密家人大集合 9. 音乐： 我家有几口 10. 语言： 小猪妈妈不在家 ★生成活动 11. 社会： 学做小主人	区域一：花园小区 1. 招待客人 2. 做客 区域二：贝贝休闲屋 1. 一家有几口 2. 家具排排队 区域三：宝贝书屋 1. 阅读亲情图书 2. 讲述"我的家人" 区域四：美家设计屋 1. 温馨小屋（彩纸造型） 2. 温馨小屋（纸盒造型） 区域五：爱家建筑屋 1. 搭建我家的小区 区域六：欢乐小舞台 1. 创编儿歌《我有一个幸福的家》	1. 利用周末和爸爸妈妈外出游玩 2. 愿意和同伴分享与家人在一起的趣事 3. 愿意和同伴交流有关爸爸妈妈的信息 4. 在家愿意做一些力所能及的家务 5. 尝试在班级做力所能及的事，和小朋友一起愉快活动 6. 在家愿意和家人聊天 7. 在家喜欢和爸爸妈妈开展亲子阅读活动

续表

活动进展	核心概念	目标及经验	活动方式		
			集体活动	区域活动	日常活动
第三阶段	爱的表达（多方式表达对家人的情感，愿意为家人服务）	1. 愿意向妈妈了解自己是怎样出生、长大的，感受妈妈的不容易，并愿意向同伴介绍自己的成长册 2. 会对爸爸、妈妈、爷爷、奶奶等家人使用礼貌用语、赞赏的话，勇于表达对家人的感情 3. 阅读故事感受家人之间的亲情，增进家人之间的感情 4. 初步感受歌曲柔和、舒缓的旋律，尝试用动作表达对歌词的理解，通过歌曲感受家的温馨，练习用歌词替代法创编歌曲 5. 运用粘贴、折纸、撕贴等方式为爸爸、妈妈、爷爷、奶奶等家人制作礼物，在送礼物的过程中大胆用语言表达对家人的关爱之情 6. 感受白天、晚上的时间，学习爸爸妈妈关心宝宝、照顾宝宝的方法，在游戏活动中大胆表现	12. 语言：妈妈我爱你 13. 音乐：让爱住我家 14. 语言：爱的甜甜话 ★生成活动 15. 社会：我是怎样长大的 16. 健康：红花献给好妈妈	区域一：花园小区 1. 认识白天、晚上 2. 学做饭菜 区域二：贝贝休闲屋 1. 送给妈妈的包 区域三：宝贝书屋 1. 阅读亲情图书 2. 讲述"我的成长" 3. "人这样长大"排序图片 区域四：美家设计屋 1. 爸爸的领带 2. 爷爷奶奶的眼镜 区域五：爱家建筑屋 1. 我家的房间 区域六：欢乐小舞台 1. 创编歌曲《亲亲我》	1. 在家能够关心爸爸、妈妈、爷爷、奶奶等家人，会对他们说关心的话 2. 愿意创编学习过的歌曲《亲亲我》，唱给家人听 3. 愿意将自己在幼儿园制作的作品送给家人，并对他们说爱的语言

区域的实施

区域一：花园小区

一、区域来源

前一个主题中教师设置的娃娃家，营造了温馨、快乐的"家"的氛围，缓解了刚入园的幼儿身处陌生环境产生的焦虑情绪，拉近了幼儿从家到幼儿园的距离，在活动中渐渐地熟悉、适应了幼儿园的新生活。幼儿在娃娃家中模仿着爸爸、妈妈的一日生活场景，初步体验了做爸爸和妈妈的职责。

为了让幼儿进一步感受一家人在一起生活的幸福、快乐，体会爸爸、妈妈照顾宝宝的辛苦、不易，我们延续了上一个主题中的娃娃家。随着主题活动"全家总动员"的开展，丰富了娃娃家的活动内容，幼儿不仅能在游戏中继续体验爸爸、妈妈的角色，还能通过带着"宝宝"一起去朋友家做客，感受去朋友家做客的快乐，同时学会有礼貌地招待客人和礼貌地做客。

二、情境创设

教师沿用了上一个主题中娃娃家的环境创设，随着主题活动的开展，根据幼儿游戏过程中的需求变换部分环境，如102、103家增添了拱形门，每家增添了三层物品柜。

三、区域材料

	活动目标	项目、材料与分析	材料照片	玩法提示
第一阶段	1.能共同整理家中的物品，知道将家庭物品按照照片标记整理摆放 2.能有礼貌地招待客人，会使用礼貌用语"你好，请进！""请坐！""再见！"等 3.体验"爸爸""妈妈"一起做事的快乐	1. 整理物品柜 ●材料：餐具（盘子、碗、小勺子等）标记、生活日用品（梳子、毛巾、面霜等）标记、厨房用具（汤锅、炒锅、锅铲、汤勺等）标记、自制两层物品柜（每家一个） ●分析： （1）在进行主题活动"全家总动员"时，教师围绕第一阶段的核心概念"温馨的家"开展了集体活动"舒适的家"和"我家的物品"。幼儿通过集体活动认识了家中房间的名称，了解了房间的用途。通过连线活动对家庭物品进行了分类，并将家庭物品与相应的房间匹配。教师为了提升幼儿在集体活动中获得的经验，将此活动延伸至娃娃家，幼儿在游戏活动时可以根据标记整理娃娃家里的物品 （2）这样不仅拓展了上学期的科学领域目标"一一对应"，使之在娃娃家中得到练习巩固，同时幼儿在摆放家庭物品的过程中，可进一步感知家庭物品的功用，感知物品的分类，养成有序整理物品的习惯		1.挂好角色牌后，两人共同按照柜子上的照片标记将家庭物品摆放整理好 2.开展"给宝宝喝奶"、"邀请客人来做客"等活动

续表

	活动目标	项目、材料与分析	材料照片	玩法提示
第二阶段	1. 知道到朋友家做客前，先要打电话预约。能够有礼貌地到别人家做客 2. 能根据电话号码簿上的点卡（5位数），找到电话机上的数字，并能手口一致地边说边正确拨号 3. 尝试带宝宝去参观建筑师建筑的楼房、观看小舞台的演出。体验和家人一起外出游玩的快乐	1. 打电话 ● 材料：电话号码簿（每家一本） ● 分析： （1）在主题"全家总动员"开展的第一阶段，我们围绕"温馨的家"这个核心概念，熟悉了自己家的家庭环境、家庭物品，教师有意识地给娃娃家提供了电话 （2）幼儿很喜欢打电话，在打电话的过程中随意摁几个数字，玩得不亦乐乎。教师思考着想让打电话的过程也变成幼儿学习的过程，于是教师用点卡制作了电话号码，巧妙地将小班数学目标"能手口一致地点数5个以内的物体，并能说出总数"融入活动中，促进幼儿在打电话的过程中练习点数，感知数量		1. "爸爸"或"妈妈"打电话时能够翻看电话号码本，找到想联系的家庭，并根据点卡的数量在电话机上进行拨打 2. "爸爸"、"妈妈"两人先商量带"宝宝"外出游玩的地点再去游玩
第三阶段	1. 看太阳、月亮图标区分白天与晚上，知道早晨、中午、晚上可以做哪些事情 2. 两人尝试一起去买菜并学习做饭 3. "爸爸""妈妈"学会关心"宝宝"，体会家的温馨	1. 认识白天和晚上 ● 材料：自制时间钟 ● 分析：时间与空间概念是非常抽象的，幼儿不易理解。为了让幼儿把这些抽象的概念变为具体形象的学习，教师设置了时间钟，运用幼儿熟知的太阳、月亮来感知时间变化这一现象。教师还在时间钟上设计了可以转动的指针让幼儿在操作中感知早晨、中午、晚上三个时间发展的顺序		1. 按照时间的顺序拨动时间钟的指针 2. 根据自己设定的时间做事情。例如：早晨可以叫"宝宝"起床，给"宝宝"穿衣服、做早餐等

四、融合途径

1. 活动途径的融合

集体活动	区域活动	日常活动
社会活动： 舒适的家 科学活动： 我家的物品	整理家中物品	在家中学习收拾、整理自己的小房间
音乐活动： 小雨点按门铃 （由区域活动生成）	打电话	周末、假期在家中可以自己打电话给好朋友
社会活动： 学做小主人 （由区域活动生成）	邀请客人与做客	家中有客人来访时会礼貌招待

2. 学习目标的融合

（1）健康领域的融合

◆ 知道到别人家做客时要有礼貌，得到别人允许后才能拿人家的玩具。

（2）语言领域的融合

◆ 招待客人时能够热情、礼貌，会使用礼貌用语"你好"、"请进"、"请坐"、"谢谢"、"再见"。

◆ 打电话邀请客人时，知道先介绍自己的名字，并能说清楚自己家的门牌号码。

（3）社会领域的融合

◆ 知道家中各个房间不同的功用。

◆ 认识家中的家庭物品，知道物品的摆放位置，并能整齐摆放。

◆ 接电话时能够倾听同伴的讲话，愿意和同伴交往。

（4）数学领域的融合

◆ 能看着电话号码簿，手口一致地拨打电话号码。

◆ 知道早晨、中午、晚上的时间发展顺序。

3. 游戏情节的发展

◆ "花园小区"与"美家设计屋":"爸爸""妈妈"带"宝宝"参观"美家设计屋",倾听"设计师"的介绍。

◆ "花园小区"与"欢乐小舞台":"爸爸""妈妈"带"宝宝"看表演。

◆ "花园小区"与"超市":可以去"超市"购买食材。

◆ "花园小区"与"植物园":可以去"植物园"参观。

五、案例点击

[案例1]　　　　　　凌乱的娃娃家

● **这里发生了什么**

娃娃家区域活动开始了,我们提醒娃娃家的"爸爸妈妈"不要忘了整理好家中的物品。幼儿挂好牌子后,有的拿起锅、铲子开始烧饭,有的抱起宝宝喂奶,有的"爸爸妈妈"将锅、碗、牛奶等东西统统堆放在柜子的一层里,有的虽然分层放了,但是没有分类的意识,宝宝的搽脸油和小碗随意地放在一起,还有的"爸爸妈妈"甚至将青菜放在娃娃床上。

● **我们的思考**

在小班前期的娃娃家游戏中,我们将娃娃家需归类摆放的物品拍成图标并贴在柜子上,如小碗、勺子、盘子放一层,菜篮子、牛奶盒放一层,幼儿经过一段时间的观察、比对学习与练习,有了整理物品的初步经验。

本学期随着主题活动"全家总动员"的进行,我们开展了集体活动"我家的物品",幼儿在活动中了解了更多的家庭物品名称和用途,并尝试按照浴室、厨房、客厅的功能进行了物品分类。

随即,我们在娃娃家增加了梳子、搽脸油、毛巾等宝宝的用品,我们本以为幼儿有了前期经验的支撑,应该能很快将这些物品和其他用品分类摆放,可是在实际活动中,大部分幼儿没有分类的意识,没能将集体活动中获得的经验有效迁移至娃娃家的整理物品当中。这也和我们没有提供能引起幼儿分类行为意识的有力支撑有关,所以幼儿也就没有意识到去这么做。

● 接下来我们要做什么

　　教师的策略支架——讨论物品摆放位置，制作小标记

　　教师在娃娃家物品柜的第一层贴上了餐具的标记（盘子、碗、小勺子等），第二层贴上了生活日用品的标记（梳子、毛巾、面霜等）、第三层贴上篮子的标记。灶具上贴上厨房用具的标记（汤锅、炒锅、锅铲、汤勺等），引导幼儿在游戏活动时可以根据标记进行整理。这样不仅可以减少幼儿在活动中整理材料的时间和难度，还延续了前期的科学领域目标"一一对应"，在游戏中得到练习巩固。幼儿在摆放家庭物品的过程中，还可以进一步感知家庭物品的功用，感知物品的分类，养成有序摆放的习惯。

　　下一步教师准备更换小图标，每一个标记只放一个物品，让幼儿找到其他的同类物品，进一步进行分类学习。

[案例 2]　　　　　长长的电话号码

● 这里发生了什么

最近，我们给娃娃家制作了8位数点卡的电话号码，试图让幼儿在打电话的过程中练习点数。我们发现，娃娃家"爸爸妈妈"在拨打电话的时候，拨的时间总是比较长，有的时候"爸爸妈妈"在拨完号码后发现接电话的那家没有人了，有的"爸爸妈妈"打电话没有耐心，前4位数还能认真地对照着号码牌按数字，后面的就随便摁摁了。

● 我们的思考

我们围绕主题"全家总动员"第一阶段的核心概念"温馨的家"，在娃娃家中有意识提供了家庭常用物品——电话。因为家庭中使用的座机号码都是8位数，为了让游戏更加贴近孩子的实际生活，我们的电话号码就设计了8位数，并根据小班幼儿数学目标用5以内数的点卡来表示号码。

可是在实际活动当中，当幼儿遇到点卡4和5的时候，不能一眼看出点卡的总数，需要用手指一个一个地点数，数完后再在电话机上摁数字，因而花费了大量的时间。加之小班幼儿的关注持续时间只有15分钟，8位数的电话号码对于小班幼儿来说太长，需要花的时间比较久，幼儿的注意力不易持久。娃娃家的情节发展更加吸引幼儿的关注，幼儿特别急于与同伴电话交流。因此，有的幼儿会没有耐心一个一个地拨号。

● 接下来我们要做什么

教师的策略支架——更换电话号码

教师将8位数的电话号码簿减少成5位数，既减少幼儿拨号的时间，同时降低难度，更适宜现阶段幼儿的学习。

减少电话号码中4和5的点卡数量，在活动初期每一家电话号码中只提供一张4或5的点卡或者重复提供4或5的点卡。例如：将101家的电话号码改为53531，降低幼儿对应号码簿拨号的难度，在下一阶段的活动当中，教师可以根据幼儿对于4和5的点数掌握情况进行调整。

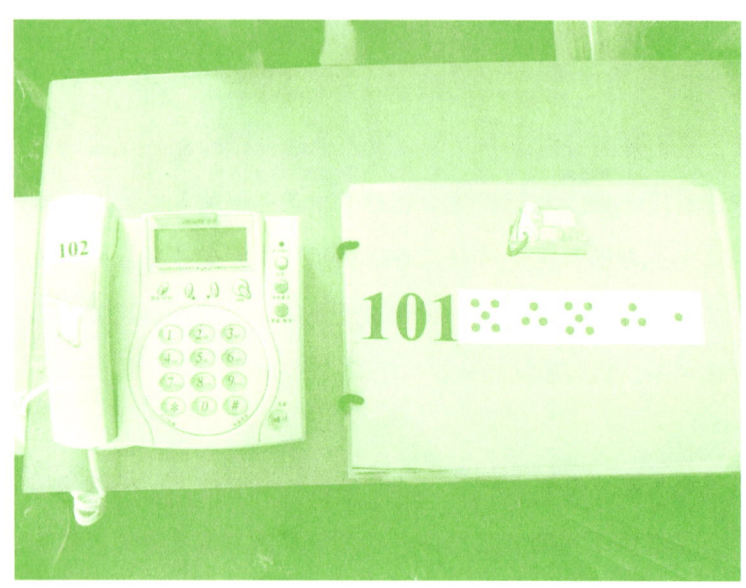

[案例 3]　　　　　　　没礼貌的小客人

● 这里发生了什么

　　103家的"妈妈"甜甜今天准备去104家做客，并电话约定好了时间。

　　甜甜"妈妈"带着宝宝来到104家，直接走进去，104家"爸爸"看见了，嘟哝了一句："怎么不敲门呀！"这时甜甜"妈妈"在104家绕了一圈，边往外走边说："我走了，带宝宝去看房子去了。"转身就走了。

● 我们的思考

　　在日常生活中，去朋友家做客前，一般都需要提前预约，这不仅可以提前知道朋友在不在家，也可以通过打电话与他人交流、沟通。我们将这一信息传递给幼儿，幼儿在娃娃家游戏中进行了有效的迁移，去邻居家做客前，知道打电话先预约了。

　　但是，小班幼儿心理发展水平处于以自我为中心的阶段，往往仅关注自身需求的满足而易忽视同伴的需要。所以去别人家做客只是去绕一圈表示我来过了，并不关注或不知道怎样和朋友交流。

● 接下来我们要做什么

　　教师的信息支架——有礼貌的小客人大家都喜欢

　　教师利用视频展示了两个"爸爸"去朋友家做客的片段，并用惊奇的语气对孩子们说："你们发现了吗？某某"爸爸"和某某"爸爸"都去朋友家做客，可朋友的表情不一样，这是为什么呀？"从而引导幼儿关注并感知有礼貌的小客人和没礼貌的小客人如何做客，得出大家喜欢有礼貌的小客人的信息。

　　教师的策略支架——情境表演

　　教师与配班教师情境表演，分别扮演"主人"和"客人"，"客人"去朋友家时，应该先打电话预约，当得到"主人"的同意后，再去朋友家做客。

[案例4]　　　　　　　　不带礼物别来我家

● 这里发生了什么

　　102家"爸爸妈妈"带着宝宝敲响了103家的门，主人小瑾热情地将客人请进门，端茶请客人喝，突然小瑾对客人说道："你们带礼物了吗？"102家的"爸爸"牛牛摇了摇头，小瑾说："啊，你们来做客都不带礼物啊！快去准备礼物送给我们家宝宝，不带礼物别来我家。"说着将客人往门外推。

● 我们的思考

　　近来娃娃家着重学习与练习做客和请客时的礼貌用语，在之前示范过程中，我们拎了一些水果去娃娃家做客，展示了做客时可以给主人送礼物的情节。

　　我们的本意是想促进游戏情节的发展，丰富幼儿做客的情节。但在孩子们的眼中，老师就是榜样，老师怎么做自己也应该怎么做。在娃娃家游戏中出现的索要礼物的现象，正是幼儿模仿老师的行为，将到朋友家做客送礼物看成是一项必须要完成的事情。看来幼儿没有真正理解如何做个有礼貌的客人，只是单纯地模仿教师的行为。

● 接下来我们要做什么

　　教师的策略支架——观察父母是如何做客的

教师与家长沟通，请家长带着孩子去朋友家中做客。引导幼儿观察父母是如何到别人家做客的，注意观察父母做了哪些事情，向父母学习。

<u>教师的策略支架——生成集体活动"我会做客"</u>

教师通过在活动中观察到的问题生成一节社会活动"我会做客"，活动中可以组织幼儿相互交流周末跟随父母做客的感受，学习做客的礼貌用语及相关礼节。

[案例 5]　　　　　时间钟可以随便拨吗？

● 这里发生了什么

近来，为了让孩子感受早中晚的时间顺序，我们在娃娃家每一家的墙上都制作了一个可以拨动的时间钟，用露出半个头的太阳表示早上，一个完整的太阳表示中午，月亮表示晚上。我们想，有了时间钟，孩子们应该能根据早中晚的时间顺序在娃娃家照顾"宝宝"了。

游戏活动开始了，有的娃娃家"爸爸妈妈"从游戏一开始就把钟拨到了中午，开始热牛奶、吃面包，有的"爸爸妈妈"将时间钟拨到晚上，哄"宝宝"睡觉，还有的"爸爸妈妈"没事就去拨拨钟。

● 我们的思考

时间与空间的概念是非常抽象的，幼儿不易理解。如何把这些抽象的概念变为具体的呢？我们制作了时间钟投放在娃娃家的活动中，试图让孩子们在游戏过程中进一步感知早中晚三个时间的概念。但是这与孩子们现实生活中的时间不符，容易造成孩子们对一天时间顺序的混淆。

加之时间钟在孩子眼里就是好玩的玩具，他们很喜欢拨钟的动作，在游戏中不停地拨弄就在所难免了。

● 接下来我们要做什么

<u>教师的信息支架——时间是有顺序的</u>

教师在活动评价环节引导幼儿讨论："我们是如何度过每一天的？"教师给幼儿传递这样的时间信息：一天里的时间是有发展顺序的。时间的顺序

是：早晨—中午—晚上。每个时间段都有一些必须要做的事情，如早上起床帮助宝宝洗脸搽香，中午做午餐等，同时鼓励幼儿在娃娃家活动中按照时间钟的顺序来开展活动。

区域二：贝贝休闲屋

一、区域来源

"贝贝休闲屋"源于上一个主题中的"快乐智慧屋"，教师将数学、益智等方面的学习内容放置于该区域，提供富含游戏情节的操作材料，并随着主题活动的深入变化以及幼儿的兴趣等及时变更材料，所以该区域一直是幼儿乐于主动学习的场所。

现在主题活动围绕"全家总动员"展开，区域名称变更为"贝贝休闲屋"，这个区域主要将数学和益智方面的材料放在一起，引导幼儿在与材料的亲密接触中，感受家的空间位置、家庭物品的种类、数量等信息，大胆表达爱家的情感。

二、情境创设

区域沿用了"快乐智慧屋"的logo——一个问号，与幼儿进区的挂牌相统一。由于之前幼儿对该区域的活动规则"玩一样、拿一样，不玩的及时放回原处"等已经能较好地掌握，因此"贝贝休闲屋"的温馨提示牌将针对具体的新材料用法、注意事项等用图文结合的方式进行提示。

同时，结合主题活动情境，教师制作与"全家总动员"主题目标紧密结合的桌面操作材料，放置在活动柜里，方便幼儿自由取放。

三、区域材料

	活动目标	项目、材料与分析	材料照片	玩法提示
第一阶段	1. 熟悉走迷宫活动的规则，尝试走迷宫活动，并体验帮朋友回家的快乐 2. 观察不同房屋的外形特点，大胆使用福禄贝尔拼图来表现自己家的房子或想设计的房子的特点。能用语言介绍自己的作品 3. 在贴瓷砖的活动中复习巩固对红黄蓝等颜色的认知，并尝试根据颜色特征或图形特征有规律地贴瓷砖	**1. 回家** ● 材料：压膜的迷宫图若干、红黄蓝油泥各一盒 ● 分析： （1）走迷宫游戏是在观察整体和局部的基础上，边判断通往出口的正确路径边前进的游戏，能培养幼儿的观察力和思考力。朝着终点努力前进有助于提高幼儿的注意力，锻炼他们的手眼协调能力 （2）结合正在进行的主题活动，走迷宫活动定名为"回家"，起点为迷路的小朋友或小动物，终点为"家"。这样在操作的过程中，赋予了走迷宫游戏情感性，让幼儿在探索中增强了责任感，同时体验帮助别人的快乐 **2. 拼图：我的家** ● 材料：福禄贝尔拼图一盒，贴有双面胶的盒盖八个，楼房、平房等房子范例、实景图各一份 ● 分析：福禄贝尔拼图前期已经出现，幼儿很感兴趣。结合主题活动，幼儿能运用圆形、三角形、正方形，以及两种长度的小棒拼出简单的房子、花、车等造型。现在主题活动变为以家为主题，为了激发幼儿表现自己对家的认知，教师增加了不同长度的小棒，更利于幼儿表现楼房的外形特征 **3. 贴瓷砖** ● 材料：房子外形图两幅，彩色卡纸剪成的红黄蓝绿等颜色的正方形若干，并贴上不同的图案		1. 进区挂好小问号挂牌，找到空位，去材料柜选择自己想操作的材料，可以和1~2名同伴一起进行操作 2. 拼图、迷宫等操作完成后，将成品挂放或摆放进行展示 3. 甜甜家居可供两名幼儿同时活动，两人可以分工摆放不同房间的物品，也可以共同摆放一个房间的物品，在摆放活动中自由交流

续表

	活动目标	项目、材料与分析	材料照片	玩法提示
第一阶段	4. 在活动中乐意与同伴一起玩，分享自己的操作经验	●分析： （1）对小班幼儿来说，排序是一项比较有挑战性的工作，需要他们运用有限的数量形方面的知识，进行一番系统、连贯的思考，找出事物间的联系，即称之为"规律"的东西 （2）教师想通过给房子贴瓷砖的活动，让幼儿感知图形在生活中的应用，并能尝试有规律地贴瓷砖 4. 甜甜家居 ●材料：家庭中各个房间及相关物品立体玩具 ●分析：为了让幼儿直观地了解、认知各个房间及相关物品的用途，教师提供了立体的仿真的家具模型，让幼儿尝试将物品一一摆放在相应房间里，在手脑并用的学习过程中认知家庭物品		4. 在娃娃家、宝贝书屋等区域活动的幼儿在完成自己工作后可以进入贝贝休闲屋休闲。进入时首先观察是否有空余挂牌（挂牌是控制人数的），如果有，就可以进入休闲屋自由选择材料参与活动
第二阶段	1. 能正确点数5以内数，并匹配相应的点卡 2. 能正确感知4以内数量的一组物品的高矮、长短的不同，并进行有序排列 3. 感受家庭的温暖，体验家人在一起的美好	1. 我家有几口 ●材料：幼儿全家福照片、1~5点卡 ●分析：该活动使用幼儿带来的家庭合照作为学习材料，这样的材料虽然简单，但是对幼儿来说很亲切，一下就拉近了幼儿与材料的距离，让学习过程变得富含情感性。该材料让幼儿通过点数自己家人员和同伴家人员的数量，在看看说说数数的活动中，渗透了点数5以内数，并进行数物匹配的学习 2. 家具排排队 ●材料：大小、高矮不同的桌子、椅子、杯子、柜子等家庭物品图片一组四张，空薯片罐两个，小红旗两面 ●分析：在第一阶段的活动中，幼儿通过集体教学活动初步认知了家庭成员及家庭常见物品。在该阶段，教师将家庭物品打印成高矮、长短不同的一组图片，通过排队的方式让幼儿去感知和比较高矮、大小，巧妙地将数学学习目标渗透其中		1. 自由选择小朋友的全家福，先点数再匹配相应的点卡 2. 玩比一比游戏时，知道红旗处是起点，找到一组相同的物品图片再按一定的规律排序 3. 完成2~3样材料，可以去娃娃家做客，可以去爱家建筑屋参观

续表

活动目标	项目、材料与分析	材料照片	玩法提示
第三阶段 1.愿意制作漂亮的小包送给妈妈，会说感激的话，增进与妈妈的感情 2.能根据数量标记、排序标记装饰小包，正确感知5以内数量和红黄蓝颜色，初步感受图案组合的美	1.送给妈妈的小包 ●材料：泡沫纸制作的小包、红黄蓝花形、蝴蝶彩纸若干、数量和颜色标记若干。 ●分析：这是感知数量和颜色的综合练习，教师引导幼儿通过装饰小包并将小包送给妈妈，表达对妈妈的情感，同时将感知5以内数量的数学学习和感知红黄蓝颜色的学习渗透其中。赋予学习材料一定的情感目的，让幼儿更愿意去动手操作		自由选择一个成品小包，再根据包上的标记选择两种图形（花形）或一定数量的花形进行装饰，将装饰好的小包送给娃娃家的妈妈，或送至妈妈的头像处

四、融合途径

1. 活动途径的融合

集体活动	区域活动	日常活动
社会活动： 舒适的家	贴瓷砖 （由集体活动延伸）	观察自己家及家周围房屋的外观，感受房屋外观的不同特点
数学活动： 我家的物品	甜甜家居、我家物品排排队 （集体活动延伸）	在家中知道物品的摆放位置，会听爸爸妈妈的指令将一些物品摆放好
数学活动： 亲密家人大集合	一家有几口 （集体活动延伸）	在家人聚会中，愿意点数人数

2. 学习目标的融合

（1）健康领域的融合

◆ 在家庭生活中能听从成人的安慰、哄劝。

◆ 活动结束后能及时将材料放回原处。

（2）语言领域的融合

◆ 大胆用"爸爸妈妈，我爱你"、"你们辛苦了"等语言表达对父母的爱、对长辈的爱。

（3）社会领域的融合

◆ 知道和自己一起生活的家庭成员的关系，从"一家有几口"的活动中体会自己是家庭中的一员。

◆ 熟悉自己家的物品，知道它们的名称和用途。

（4）数学领域的融合

◆ 正确感知5以内数量。

◆ 尝试进行简单的排列练习，感受一定的规律。

3. 游戏情节的融合

◆ "贝贝休闲屋"与娃娃家：去娃娃家做客、给妈妈送小包。

五、案例点击

[案例1]　　　　　　　　**不会找规律**

● **这里发生了什么**

有的幼儿在"贴瓷砖"的活动中，只是将瓷砖贴满墙面，并没有按照教师的提示有规律地贴。

有的幼儿虽然能有规律地贴瓷砖，却没有按照自己预先插在房顶插袋里的瓷砖标记去贴，造成标记与实际贴出的墙面不一致。

● **我们的思考**

对小班幼儿来说，排序是一种比较有挑战性的工作，需要他们运用有限的数量、形状等方面的知识，进行一番系统、连贯的思考，找出事物间的联系，即我们称之为"规律"的东西。

在此活动中，教师希望幼儿能找到瓷砖的特征，尝试用一种或两种图案进行装饰，但是，有的幼儿没有理解什么是有规律地装饰，所以只是用瓷砖将墙面铺满，贴出来的墙面看上去比较凌乱。

同时，教师希望幼儿在贴瓷砖时先想好用什么样的瓷砖，将1~2种瓷砖

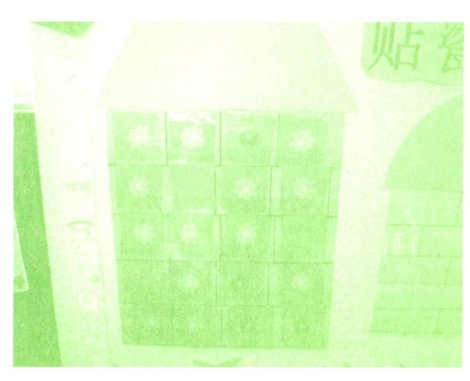
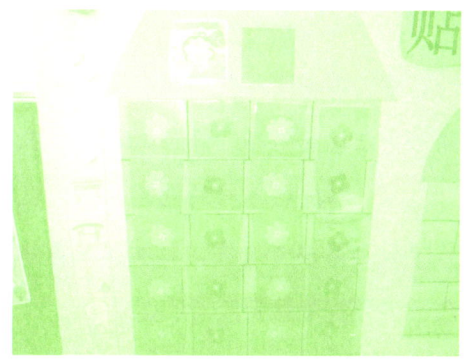

挑出来，作为标记插在房顶上，起到提示作用。在实际操作活动中，有的幼儿虽能找出一定的规律进行贴瓷砖活动，但是让幼儿先想再做，显然不符合小班幼儿的动作思维特点，他们多半是边想边做，并不会根据自己预先的设计去完成工作，所以出现标记的和实际贴的瓷砖不一样的现象。

● 接下来我们要做什么

教师的概念支架——什么是规律？

教师引导幼儿观察两座房子，一座房子是随意贴瓷砖的，一座房子是有规律贴瓷砖的，请幼儿说出自己的感受，告诉幼儿我们能读出贴瓷砖的方法，就是找到了规律。

> **教师的策略支架——示范和阅读**
>
> 请幼儿示范几种贴瓷砖的方法，大家一起读一读，逐步感受规律。将房顶的预设标记取消，让幼儿边贴边想，逐步找到规律。
>
> 还可以提供不同的范例供不同能力的幼儿参考和模仿学习。如，先贴好第一排或只贴2~3块，让幼儿接着往下贴，或贴好一半的瓷砖，引导幼儿找到规律再接着贴完。

[案例2]　　　　　　　　　如何找到正确的迷宫路径？

● 这里发生了什么

幼儿参与"走迷宫"活动的积极性非常高。在"走迷宫"活动中，我们发现，有的幼儿分不清路和障碍物，不知道要走在路中间，遇到障碍物需要避开。

经常有幼儿粘完路将迷宫图拎起来展示时，油泥大块往下掉，幼儿心急如焚地不停叫老师，言语间显得沮丧和着急。

● 我们的思考

"走迷宫"对幼儿来说，是一个全新的活动，对幼儿有挑战，我们运用

了情境的提示语言——帮小动物回家,有效地提高幼儿参与活动的积极性。

"走迷宫"活动是需要一定经验支撑的,幼儿以前没有接触过此类活动,所以经验是缺乏的。

为了让活动更有趣,我们将幼儿最喜欢的油泥与"走迷宫"活动结合,让幼儿用油泥来表现路。然而在操作过程中,由于幼儿手部肌肉精细动作正在发展中,大部分幼儿手的灵活性不够,加上在粘路时使用的油泥过多,路显得很粗,既挡住了路又因为太重而粘不住,失败的经历自然让幼儿感到沮丧和着急。

● 接下来我们要做什么

教师的信息支架——走出迷宫有诀窍

通过集体观摩和讨论,运用边演示边讲解的方法向幼儿介绍走迷宫的诀窍,让幼儿知道迷宫图上白色的部分是路,我们帮小动物回家走的就是白色的路,遇到障碍物走不过去时掉头寻找其他的路。用油泥粘路时要粘在路中间。

教师的策略支架——观察学习

引导幼儿观察成功的油泥路,知道将油泥搓得细细长长再摁一摁,就不会掉下来了。

[案例 3] 大小·高矮怎样区分?

● 这里发生了什么

大部分幼儿在进行"我家物品排排队"活动时,能将一组四个物品进行排序,都知道从红旗的旁边开始排,排序的方法无一例外都是从大到小,能正确表述自己排序方法的幼儿很少,大部分幼儿都是随意地排,说这样排好看。

● 我们的思考

给大小、高矮不同的一组四个物品进行排序,是小班下学期科学领域的学习目标。我们结合正在进行的主题活动"全家总动员",准备了椅子、电视、衣柜、冰箱等大小不同的家庭物品图片,让幼儿练习大小及高矮排序。

我们发现,幼儿由于有前期看大小标记给3个物品排序的经验,对4个物品排序没有什么难度。但是在活动中幼儿只能说出从大到小排，没有对高矮的描述，这可能和我们提供的材料不够恰当有关，如大衣柜，我们本想让幼儿练习高矮排序的，可是打印的图片只是将模板图片进行放大和缩小，所以幼儿观察到的只是大小的差异。

有部分幼儿说不出排序的方法，可能他们对排序的含义并没有真正理解，只是一种直觉行为。

● 接下来我们要做什么

教师的概念支架——什么是有规律地排序？

教师引导幼儿观察一组小碗，幼儿排好后，请幼儿观察规律，告知幼儿这是从大到小排的方法，提示幼儿也可以从小到大排。

再引导幼儿观察一组柜子，请幼儿排好后，再观察规律，告知幼儿这是从高到矮的方法，提示幼儿也可以从矮到高排。

教师的策略支架——提供差异性图片

重新提供高矮差异明显的柜子、椅子等图片，便于幼儿观察图片。在活动过程中教师引导幼儿正确感知高和矮。

[案例 4] 相似色是什么？

● **这里发生了什么**

长方形的、爱心形的、饺子形的小包出现在"贝贝休闲屋"，漂亮的色彩、美丽的装饰图案，一下子就聚集了幼儿的目光。在制作过程中，大部分幼儿能很快发现小包上的标记，并会先点数点卡的数量，然后再开始用花或蝴蝶的图案进行装饰，装饰完成后数量与标记上的点卡往往是匹配的，可是颜色经常出现深蓝色与浅蓝色的混放、黄色与橘色的混放，幼儿只能说出蓝色和黄色。

● **我们的思考**

送给妈妈的小包是我们的主题活动进行到第三阶段"亲亲我的家人"时教师有目的地提供的新操作材料。它是感知数量和颜色的综合学习，我们引导幼儿通过装饰小包并将小包送给妈妈表达对妈妈的情感，同时将数学感知5以内数量的学习和感知红、黄、蓝颜色的学习渗透其中。由于小包完成后是送给妈妈的，幼儿都很愿意为妈妈去做。

在制作的过程中，我们提供了两种蓝色，深蓝和浅蓝，虽然幼儿标记了不同颜色的蓝，但是由于在操作前教师并没有刻意去提示幼儿，所以幼儿也没有在意。同时，大部分幼儿没有关于深蓝和浅蓝的颜色概念，所以才会出现上面的问题。

● **接下来我们要做什么**

教师的概念支架——深蓝、浅蓝是两种颜色

教师向幼儿介绍深蓝、浅蓝是两种颜色，并出示深蓝、浅蓝的彩纸、油画棒等给幼儿辨认、熟知，提醒幼儿在制作小包时要看清楚小包上的标记颜色是深蓝还是浅蓝，不要将它们弄混。

教师的策略支架——认识好朋友色

在利用油画棒带幼儿玩找好朋友色的活动中，教师出示浅蓝色油画棒，请幼儿在油画棒盒子里找到它的好朋友色深蓝色，在游戏中复习巩固对相似色的认知。

[案例 5]　　　　　　　　　送给妈妈的小包

● 这里发生了什么

启洋和啸成各自选了一个小包，开始装饰。

启洋先用小手边点小包上的点卡，边说道："1、2、3、4、5，是5个。"又看了看标记，自言自语道："是蓝色，哦，是什么蓝色？"说着，在篮子里翻找一番，找到一朵深蓝色花一朵浅蓝色花，对比看了看，肯定地拿起浅蓝色花："就是浅蓝色。"然后很快将小花装饰到包上，得意地举起来："我的小包漂亮吧，我要送给娃娃家的'妈妈'。"说着走向娃娃家。

啸成一声不吭，看了看小包上的标记，在篮子里翻找起来，他找到1朵淡黄色花，2朵橘黄色花一一插在小包上，装饰好后，也准备起身，这时启洋回来了，看了一眼啸成的小包："你不对，是淡黄色，不是橘黄色。"啸成看着自己的小包，将橘黄色小花拿下来，重新在篮子里找到两朵淡黄色小花装饰在小包上。

启洋热情地招呼啸成："走，我陪你送给娃娃家'妈妈'。"两个孩子一起走向娃娃家。

● 我们的思考

送给妈妈的小包是主题活动进行到第三阶段"亲亲我的家人"时我们有目的地提供的新操作材料。在该材料刚出现时，大部分幼儿没有关于深蓝和

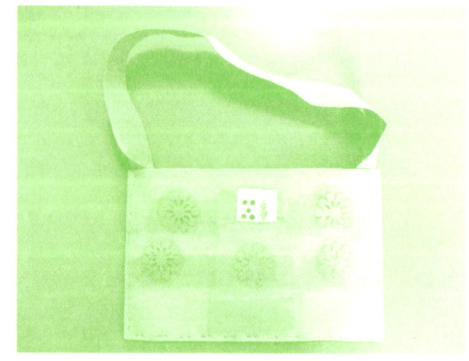

浅蓝、橘黄和淡黄的颜色概念，后来经过我们带幼儿比较、辨认油画棒中的相似色，幼儿知道了它们正确的名称，开始慢慢能正确辨认相似色了。

在今天的活动中，启洋已经能有意识地去辨认相似色，还能主动帮助同伴。而啸成在得到朋友帮助的同时，也进一步感知了相似色。

● 接下来我们要做什么

教师的策略支架——在美术活动中进一步感知

在巧手屋设计房子的活动中有意识引导幼儿用相似色来刷墙壁，进一步复习巩固对相似色的认知，感知色彩的奇妙。

[案例6]　　　　　　怡怡家有五口

● 这里发生了什么

今天谨谨选择了"贝贝休闲屋"的区域活动。

她来到布置有小朋友全家福照片的操作墙面前，先看了看，兴奋地对老师说："这是怡怡的一家，他们家人真多。""那你能看出怡怡家有几口人吗？"教师不失时机地问道。谨谨立即伸出自己的小手食指，对着怡怡家的照片："1、2、3…"数了起来。

"我知道了，他们家有5口人。"谨谨说着，从小篮子里找到5的点卡插在怡怡家照片上方，表示怡怡家有5口人。

● 我们的思考

"一家有几口"活动材料的创意来源于"全家总动员"主题活动的第二阶段——亲亲我的家人。幼儿从语言活动"我有一个幸福的家"、音乐活动"我家有几口"等集体活动中不断地感知和家人在一起的幸福的感觉，我们则敏感地察觉到这里面蕴含的数的学习。

于是，我们巧妙地使用幼儿带来的家庭合照作为学习材料，让幼儿通过点数自己家人员和同伴家人员的数量，在看看说说数数的活动中，练习点数5以内数，并进行数物匹配的学习，让学习过程变得富含情感性。

同时，由于墙面大小的限制，一次最多只能摆放六张照片，于是我们采

用了可以随时更换照片的方式，让每个幼儿都有机会展示自己的家庭，也可以自由选择自己想知道的同伴家庭的照片，让操作机会从6次增加到36次（我班有36名幼儿）。

● 接下来我们要做什么

教师的策略支架——在一日生活中学习

利用操作材料学习点数是幼儿园数学学习的一种方式，但是在生活中学习数学更重要，正如陶行知先生倡导的"生活即教育"，我们应充分利用日常生活开展教育活动。所以，引导幼儿在点名环节点数小组的人数、在拍球活动中点数拍的个数等方式进一步练习点数，让学习有效渗透在幼儿的一日生活中。

区域三：宝贝书屋

一、区域来源

"宝贝书屋"在小班幼儿入园时就创设了，这个温馨的小屋让幼儿渐渐喜欢上读书，在这里，幼儿知道怎样去阅读，并养成读书的一些好习惯，如看一页翻一页、不撕书，自己带来的书愿意和小朋友分享。

培养阅读习惯不是一朝一夕的事情，"宝贝书屋"会一直伴随着幼儿的幼儿园生活，让好书伴随在幼儿的身边，见证幼儿的成长。

二、情境创设

粉色的地垫、粉色的小沙发、粉色的小桌子，墙面布置有一座小房子，幼儿自制的小书挂在窗户上，凸显家的主题。一本本幼儿从家中带来的体现家的温馨、父母之爱的小书整齐地摆放在小书架上。

根据之前幼儿在"宝贝书屋"中活动的行为表现，教师将原有的温馨提示牌重新进行了制作，针对幼儿上学期常见问题有针对性地给予了提示。

三、区域材料

	活动目标	项目、材料与分析	材料照片	玩法提示
第一阶段	1. 喜欢阅读有关家庭生活的图书，能理解图书中表达的含义，体验家的温馨 2. 进一步熟悉自己家不同房间的主要特征及功能，并能大胆向同伴介绍，喜爱自己的家 3. 进一步了解小动物居住的地方，感受家的温暖，深入体会家的含义 4. 在书屋中活动，看完的图书及时放回书架	1. 阅读有关家庭生活的图书 ●材料：《方格子老虎》《永远的爱》等书籍 ●分析：这些书籍都是表达表现家庭生活或父母与子女间情绪情感体验的书籍。对于幼儿来说，借助书中的故事，可使他们尝试品味自己的生活，进而体会家的温馨 2. 讲述《我的家》 ●材料：自制《我的家》小书 ●分析：将自己家的每个房间拍一张照片或绘画下来，封面贴上自己的照片，制成以"我的家"为主题的小书。将这样的小书放置于"宝贝书屋"，让幼儿随时可以拿到翻看，并向同伴介绍自己的家。书中的内容是幼儿熟悉的，有情感共鸣的，自然也是他们乐意向同伴积极表达的，语言表达和交流能力在说与听的过程中自然加强 3. 帮小动物找家 ●材料：动物及其栖身地图片多套 ●分析： （1）语言活动"小动物找家"描述了小动物也爱自己的家，教师将集体活动中涉及的动物的家系列图片教具张贴在"宝贝书屋"，幼儿在操作时可以练习说："某某地方是某某的家。"还可以将小动物图卡贴在与之相匹配的家里 （2）通过操作，不仅让幼儿感知动物与其生活环境的关系，同时将语言学习自然融入。此外，教师还可通过询问了解幼儿想知道的动物的家，及时增加相应图片，进一步拓展学习		1. 进区活动知道先挂好挂牌，然后脱鞋子放在鞋子影子上，进入"宝贝书屋"自由去书架上拿取书籍，翻阅后及时放回小书架 2. 幼儿可以根据组别找到自己的《我的家》小书，边翻看边向同伴介绍自己的家，也可以自由选择其他小朋友的小书看看说说 3. 选择"帮小动物找家"活动材料的幼儿可以边操作边说一说小动物的家在哪里

续表

	活动目标	项目、材料与分析	材料照片	玩法提示
第二阶段	1. 边倾听边翻阅有关亲情的故事书，养成倾听的习惯 2. 熟悉和自己一起生活的家庭成员，知道他们与自己的关系，能主动表达对家人的喜爱 3. 进一步体验家的温馨	1. 阅读有关亲情的图书（一） ● 材料：《我妈妈》《我会照顾妈妈》《我的爷爷真麻烦》等书籍、优盘播放器 ● 分析：小班幼儿的思维具有直觉行动性，在阅读图书时，他们喜欢边看边用手点着自言自语，但同时，由于思维的具体形象性，他们往往不能发现主体与背景之间的关系、画面前后之间的联系以及情节之间的逻辑关系。所以将故事录音，让幼儿边听边看，将有利于幼儿自主阅读 2. 讲述"我的家人" ● 材料：自制《我的家人》小书 ● 分析：将自己家人的工作、爱好等照片制作成《我的家人》小书，放置于"宝贝书屋"供幼儿自由阅读。现在的孩子都是众星捧月，父母对孩子是全心全意地付出，我们的孩子能了解多少呢？借助自制小书，教师希望幼儿在阅读中增进对爸爸妈妈的了解，增强对爸爸妈妈的感情		1. 可以根据故事目录选择阅读的图书，打开优盘播放器，边倾听故事边翻阅图书 2. 自选自制的小书，可以向同伴介绍自己的家人，也可以翻阅其他小朋友的自制书，并进行猜测与欣赏
第三阶段	1. 阅读故事感受母子之间的亲情，增进母子之间的亲情 2. 愿意了解自己是怎样出生、长大的，能和小朋友进行交流，体会妈妈的不容易	1. 阅读有关亲情的图书（二） ● 材料：《魔法亲亲》《我爱你》等书籍、优盘播放器。 ● 分析：将展现母子间亲情的故事书摆放在小书架上，幼儿可以随时进行阅读，同时为了帮助幼儿理解故事的内容，教师将故事进行了录音，幼儿可以边翻书边倾听故事，增强小班幼儿阅读的有效性 2. 讲述"我的成长" ● 材料：《我的成长册》自制小书。 ● 分析： （1）这是幼儿和爸爸妈妈一起制作的小书，在制作的过程中幼儿通过和父母的交流，自然拉近了与父母之间的情感		1. 继续根据故事目录选择阅读的图书，打开优盘播放器，边倾听故事边翻阅图书 2. 自选自制的小书，可以向同伴介绍自己的成长过程，也可以翻阅其他小朋友的自制书，并进行猜测

续表

	活动目标	项目、材料与分析	材料照片	玩法提示
第三阶段	3. 养成看完书、成长册后及时放回原处的习惯	（2）将成长册置于书屋，供幼儿随时翻阅。鼓励幼儿看着照片大胆介绍自己的成长过程，在阅读和讲述的过程中逐步体会妈妈对孩子的付出，学会感恩妈妈 3. 人这样长大 ● 材料：人的成长过程图、排序卡 ● 分析：教师发现幼儿在阅读自己成长的小书中对人的成长过程充满好奇，于是教师制作了人的成长过程图，让幼儿在排序的过程中感知人成长的共性特征，拓展有关成长的知识		是谁的小时候，他正在干什么

四、融合途径

1. 活动途径的融合

集体活动	区域活动	日常活动
语言活动： 小动物找家	帮小动物找家 （由集体活动延伸）	观察自然界动植物的家
社会活动： 舒适的家	讲述"我的家"（自制小书） （由集体活动延伸）	在课间、来园、离园等环节愿意向同伴介绍自己的家庭地址和家庭环境
语言活动： 我有一个幸福的家	讲述"我的家人"（自制小书） （由集体活动延伸）	在家中愿意继续了解爸爸妈妈的工作、爱好，表达对他们的爱
社会活动： 我是这样长大的	讲述"我的成长"（自制成长册） （由集体活动延伸）	和爸爸妈妈聊自己成长中的故事

2. 学习目标的融合

（1）健康领域的融合

◆ 知道自己家所在小区的名称。

（2）语言领域的融合

◆ 愿意和同伴交流自己的家、家人、自己的成长等方面的信息。

（3）社会领域的融合

◆ 喜欢和熟悉的长辈一起活动。

◆ 长辈讲话能认真听。

（4）数学领域的融合

◆ 在翻书的过程中感知数的顺序。

3. 游戏情节的融合

◆ 宝贝书屋与娃娃家：借书给娃娃家看。

五、案例点击

[案例 1]　　　　　　**我的家不一样**

● **这里发生了什么**

在"宝贝书屋"里，幼儿对新投放的自制书籍兴趣较大，大部分幼儿很快能找到自己的《我的家》小书，看得津津有味，但是翻看书的时间普遍较短，对于其他小朋友制作的书籍基本没有意识，也没有兴趣去主动翻看。

● **我们的思考**

《我的家》是幼儿和爸爸妈妈一起动手制作的小书，这本小书是关于家中房间和物品的，书中的内容是关乎幼儿的生活的，他们比较熟悉，且富有情感，所以他们乐意去翻阅。

幼儿的心理发展水平决定了小班的幼儿以自我为中心这一特征，所以自制小书这一新材料投入到图书角时，大部分幼儿只关注自己和自己家，只看自己带来的小书，而不会主动去翻阅别的小朋友所制作的书籍，关心别人家的情况。

● 接下来我们要做什么

　　教师的信息支架——每个家都是不一样的

　　教师利用视频展示台展示了两个小朋友的家,并用惊奇的语气对幼儿说:"你们发现了吗?某某家和某某家虽然都有客厅,可它们看上去完全不一样呀。"引导幼儿关注并感知每个家都是不一样的,从而激发幼儿主动探究并进行翻阅的意愿。

[案例 2]　　　　　　　只看不说

● 这里发生了什么

　　我们制作了《帮动物找家》的小书,旨在促使幼儿在帮小动物找家的过程中去探究不同动物的家在哪里,并能用语言表达,从而促进他们语言能力的提高。在该小书投放后,我们发现幼儿对帮动物找家的活动较感兴趣,可是帮小动物找到家后,活动就结束了,如果没有老师在旁提示,几乎没有幼儿能主动用"什么样的地方是谁的家"的句式来表述找家的结果,他们只对找家的过程感兴趣。

● 我们的思考

语言活动"小动物找家"结束后，我们将集体活动中涉及的动物及其家的图片制作成一本小书，摆放在"宝贝书屋"里。由于这本书是可操作、可玩的书，自然得到了幼儿的喜欢。

但是在活动中，我们想让幼儿"说"的学习目标显然没有达到，可能是因为他们对材料的兴趣远远超越了我们提出的要求——帮动物找到家后说出动物的家在哪里。再者，幼儿的说也只是说给自己听，说与不说，说得对与否，因为没有听众，所以大部分幼儿干脆就不说了。

● 接下来我们要做什么

教师的策略支架——你问我答

改变阅读规则，教师和幼儿一起阅读图书，先一起商量着将小动物如小鸟送回家，再一人看着图提问："蓝蓝的天空是谁的家？"一人答："蓝蓝的天空是小鸟的家。"然后交换问答。幼儿在问答中验证操作材料的正确与否，同时在问答中提高语言表达能力。等幼儿熟悉问答的句式后，可以鼓励两个幼儿一起玩。

[案例 3]　　　　　　　　这是我的家人

● 这里发生了什么

欣欣和振耀正在"宝贝书屋"里共同阅读，他们先选择书架上的读本进行了阅读，接着，欣欣在"我的家人"书盒里找到自己和爸爸妈妈共同制作的小书，兴奋地对振耀说："这是我的书。"振耀赶忙将头靠近欣欣，听欣欣开始介绍自己的家人，"这是我爸爸，他戴着眼镜，我爸爸是空军。这是我妈妈，我妈妈在办公室上班，这是她用的电脑。"听完欣欣的介绍，振耀也很快从书盒里找到自己制作的小书，向欣欣介绍起自己的爸爸妈妈。

两人愉快地交流了五分钟。

● 我们的思考

主题活动进入第二阶段，以"亲亲我的家人"为核心目标。围绕这一核心目标，我们不仅通过集体活动让幼儿了解了家庭成员及与自己的关系，还请家长配合，将爸爸妈妈的工作、爱好等拍照，用一张张照片制作成《我的家人》小书，放置于"宝贝书屋"，供幼儿自由阅读。

父母对孩子是全心全意地付出，我们的孩子能了解多少呢？借助自制小书，我们希望幼儿在阅读中增进对爸爸妈妈的了解，增强对爸爸妈妈的情感。

由案例看来，这样充满亲情的小书，幼儿还是很愿意去阅读的，他们向同伴介绍自己的爸爸妈妈，充满着自豪与喜爱，借助这样的小书，幼儿自然加深了对爸爸妈妈的了解和关爱。

● 接下来我们要做什么

教师的策略支架——利用空余时间讲述小书

每天在"宝贝书屋"阅读的幼儿毕竟是少数，为了满足幼儿想说的愿望，教师可以利用每天的餐前、离园前等空余时间，请幼儿轮流介绍自己的小书，讲述自己对家人的了解、表达对家人的情感。

［案例 4］　　　　　胎儿、婴儿一样吗？

● 这里发生了什么

幼儿对人的成长图排序比较感兴趣，大多数幼儿都知道，人在最小的时候在妈妈肚子里，然后出生，慢慢会走路、上幼儿园、上学，长成大人要去上班。

但是在用我们提供的图片进行排序时，幼儿总是将胎儿期的图片和婴儿期的图片排错。当我们拿着胎儿期的图片询问幼儿时，大多数幼儿表示看不懂或不知道。

● 我们的思考

我们的主题活动已经进展到第三阶段"爱的表达"，幼儿通过和父母一起制作成长册，了解自己的成长过程，感受妈妈的不容易。在阅读小书的过程中，有的幼儿对老师的成长过程充满了好奇心，于是我们制作了人的成长过程图，让幼儿在排序的过程中探究、感知人成长的共性特征，拓展有关成长的知识。

我们在准备图片时，胎儿的图片没有采用妈妈的怀孕照，准备的是胎儿在子宫里的照片，所以孩子们大都没有见过，自然不清楚这张图片正确的排列位置了。

●接下来我们要做什么

　　教师的概念支架——胎儿、婴儿不一样

　　教师引导幼儿观察胎儿和婴儿的图片，比较他们的不同：胎儿是在妈妈肚子里的宝宝，头大、手脚细，不穿衣服；婴儿比胎儿看上去大，且出生后就要穿上婴儿服保暖。教师帮助幼儿正确区分胎儿和婴儿。

区域四：美家设计屋

一、区域来源

　　"美家设计屋"是上个主题"巧手屋"的延续，在"巧手屋"中，幼儿通过涂色、图形拼贴、泥工等方式表现了对幼儿园的认知。随着主题活动"全家总动员"的开展，教师在该区域活动中增添了与主题活动相关的新内容，鼓励幼儿在该区域活动中运用多种方式设计自己家的房子，因此将原有的"巧手屋"更名为"美家设计屋"。

二、情境创设

　　教师沿用了原来"巧手屋"中的材料库，幼儿可以根据自己的喜好、需要选择不同的材料和表现形式。教师结合"全家总动员"的主题,在"美家设计屋"的墙面上创设了一条一条小区道路的情境。幼儿设计完成的房子等作品可以贴在"道路"边,利于幼儿彼此交流、互相欣赏作品。

三、区域材料

	活动目标	项目、材料与分析	材料照片	玩法提示
第一阶段	1. 能运用涂色或撕纸粘贴的方式装饰房子，尝试用剪刀沿轮廓剪下 2. 尝试看步骤图，运用对边折的方法折出房子，知道对折时要边角对齐、抹平，并尝试添画窗户和门 3. 知道将剪下的废纸放入篮子中	1. 装修我的家 ● 材料：提供五种房子的底图若干、彩色蜡光纸若干、剪刀、胶棒 ● 分析： （1）教师提供五种房子的底图，是为了给予幼儿不同的选择，激发幼儿练习涂色的兴趣。底图有难易之分，幼儿可以根据自己的需要进行选择操作。材料库中提供了油画棒、蜡光纸等材料，幼儿可以根据自己的需要选择表现的手法 （2）幼儿涂色完成后可以用剪刀将房子沿轮廓剪下，再用胶棒将房子贴在"马路"边，向同伴介绍自己家小区的名称。这样既可以呈现幼儿的作品，又延伸了社会活动"舒适的家"中的目标，进一步练习涂色，同时赋予涂色活动情感性 2. 折纸：房子 ● 材料：房子的折纸过程图、正方形彩色纸若干 ● 分析：由于小班幼儿缺乏折纸经验，教师根据幼儿年龄特点提供了可活动的步骤图，方便幼儿随时取下进行模仿学习		1. 进区后带好挂牌，找到空位后可以选择一张画有房子的底图，用油画棒涂色，完成后，自己用剪刀沿着轮廓剪下，贴在背景墙上 2. 可以选择彩色纸，尝试看折纸步骤图，折出自己家的房子，还可以选择卡纸用油画棒绘画图案，制作自己家的房子

续表

活动目标	项目、材料与分析	材料照片	玩法提示
第二阶段	1. 尝试绘画线条、圆形或图案装饰楼房的外墙，练习绘画正方形的窗户和长方形的门 2. 尝试根据纸盒的造型，设计自己家的房子。能够选用合适的图形制作房子的屋顶、窗户和门 3. 进一步激发幼儿爱家的情感	1. 温馨小屋 ● 材料：折好四等份的空白彩色纸、折好四等份画好窗户的彩色纸、画好直线的卡纸、各类纸盒若干、油画棒、材料柜子上摆放一块绿色的 KT 板，并贴上绿色的草地 ● 分析： （1）随着主题"全家总动员"的开展，幼儿对自己的家有了初步的认识，为了增进幼儿对家的喜爱之情，教师提供了多种材料供不同能力的幼儿按照自己的思路设计楼房 （2）同时教师还融入小班美工目标"能使用剪刀沿直线剪"，幼儿可以用剪刀沿着直线剪下长方形，作为楼房的窗户和门 （3）幼儿制作完成自己家的房子后，可以立放在桌面上，立体的造型使幼儿更加有成就感。柜子上的装饰，让幼儿呈现作品的时候更加美观		1. 可以选择白纸，用绘画的方式装饰自己家的房子 2. 可以选择纸盒，用粘贴图形的方式装饰自己家的房子

四、融合途径

1. 活动途径的融合

集体活动	区域活动	日常活动
	设计美丽的家—涂色、粘贴 （由日常活动生成）	观察自己家外墙壁的颜色
社会活动： 舒适的家	我家的房子—看步骤图折纸 （由集体活动延伸）	在家中愿意看步骤图进行简单的折纸活动
	温馨小屋—纸盒设计 （由建构区域活动延伸）	在生活中观察不同住宅的外观
语言活动： 让爱住我家 社会活动： 爱的甜甜话	爸爸的领带 家人的眼镜 （由集体活动生成）	愿意为自己的家人制作礼物

2. 学习目标的融合

（1）健康领域的融合

◆ 知道手指如何用力，会正确使用剪刀。

（2）语言领域的融合

◆ 在给家人送礼物时会说一句爱的甜甜话："妈妈（爸爸、爷爷、奶奶），我爱你，送您一个包！"

（3）社会领域的融合

◆ 愿意自己的事情自己做，知道爱护幼儿园的环境，剪下来的废纸要及时放入废纸碗中。

（4）数学领域的融合

◆ 知道按照一定的规律装饰爸爸领带上的图案。

（5）艺术领域的融合

◆ 能选择自己喜欢的颜色，运用油画棒在房子的轮廓内均匀地涂色，并保持画面整洁。

◆ 尝试看折纸步骤图，运用对边折的方法折出房子。

◆ 尝试绘画线条、圆形或图案装饰楼房的外墙。

◆ 练习绘画正方形的窗户和长方形的门。

3. 游戏情节的发展

"美家设计屋"与其他区域：将制作的礼物送给好朋友。

五、案例点击

[案例 1]　　　　　　　　房顶破了

● 这里发生了什么

乐乐今天是"美家设计屋"的小设计师，区域活动一开始，乐乐飞快地来到设计屋，从材料框里找到一张正方形的粉色彩纸，拿在手上正反面都看了看，开始对折，接着将两个短边朝着中心线对折，然后开始翻屋顶，左翻翻右翻翻怎么也打不开，于是乐乐着急地向老师求救："帮帮我，帮帮我。"老师耐心地向她解释翻的方法，并帮助她翻了一边的屋顶，让她翻另一边，乐乐很努力地再次尝试，可是一不小心，房顶破了。

● 我们的思考

我们的小家是由一间一间的房子组成的，房子对家庭来说是很重要的，教师想让幼儿在区域活动中用画、粘、制作、折等多种方式来表现房子，表达自己对家的情感。而折纸对小班幼儿来说接触较少，加之小手肌肉的协调性不强，所以在翻屋顶时遇到了困难。

● 接下来我们要做什么

教师的策略支架——提供可操作性的范例、提供折好折痕的纸张

教师将每一个步骤折出范例，在墙上制作了透明的插袋，将过程范例图装入插袋，方便幼儿随时取下观察、探索。

教师在材料库中可提供一些折好折痕的纸张，供能力较弱的幼儿尝试按照教师折好的折痕进行折纸活动。

[案例 2]　　　　　　　　　我成功折出房子了

● 这里发生了什么

钧钧选择了"美家设计屋"的活动，挂好牌子后他在材料库中选择了一张正方形的彩色纸准备折房子。

他开始在桌子上折起来，折好一步就拿起自己的纸和墙上的范例进行比较。折到最后一步的时候，钧钧开始犯难了，试了半天，房子上尖尖的屋顶也没有翻成功。

于是，他将墙上的范例取下来，按照已经折好的折痕，来回试了几次。钧钧又拿起自己的纸开始折，这一次他成功了，尖尖的房顶终于翻出来了。钧钧得意地举出胜利的手势："耶，终于完成了。"

● 我们的思考

前期在"美家设计屋"的活动中，我们发现大部分幼儿折到最后一步"翻屋顶"的时候有困难，大多需要教师的帮助。因此，教师制作了折纸房子的活动步骤图，每一个步骤都用一张纸折出范例，并在墙上制作了透明的插袋，将过程范例图装入插袋，方便幼儿随时取下观察、探索。

钧钧今天在折房子的过程中，同样遭遇了困难，但是他通过摆弄教师提供的范例，成功地折出了小房子。

由此看来，区域活动范例的提供是相当重要的，这种活动的步骤图给予

了幼儿很大的支持作用,在区域活动中范例也可以成为幼儿的"老师",进行隐性的指导。

● 接下来我们要做什么

教师的策略支架——将制作活动范例的方法推向其他区域

活动的范例步骤图很适合小班的幼儿,这一做法也可以向其他区域推荐,如介绍益智区新材料,教师可以用照片拍摄使用流程,用1、2、3等点卡标注在照片的前面,幼儿需参考时,可以直接将照片取下仔细观察,教师把想对幼儿说的话变成照片,照片就是一位隐形的老师。

[案例 3] 花房子

● 这里发生了什么

倩倩今天是"美家设计屋"的小设计师,她选择了用彩色纸设计楼房的活动。

首先,她在材料库中选择了一张画好十字的小长方形纸,细心地用剪刀沿着直线剪成了四个一模一样的小长方形,并自言自语道:"窗户剪好啦!"

接着,倩倩将剪好的"窗户"用胶棒小心地沿着粉色大长方形纸上的直线一一贴好,得意地说道:"窗户好整齐呀!"然后她从材料库里选择了绿色油画棒画出了门,还用红色、黄色在墙上画了许多圈圈、点点,教师奇怪地问:"这是什么呀?"倩倩说:"这是花呀,我想让花开在房子上。"

哦!原来倩倩设计师设计了一座花房。

● 我们的思考

前一段时间,幼儿在制作立体纸房子模型时,窗户总是被贴得乱七八糟的,于是我们有意识地在幼儿制作楼房的彩纸上画出部分横线,帮助幼儿确定贴窗户的位置,降低粘贴的难度。

经过调整后的材料可以让幼儿操作起来容易一些,今天倩倩能够顺利整齐地贴出窗户,还动脑筋设计出一幢开满小花的楼房。在区域活动中,提升了幼儿的经验,并且激发了幼儿的创造性思维。

●接下来我们要做什么

教师的策略支架——激发幼儿的思维，设计不同的房子

在讲评环节，教师请倩倩介绍她的花房子，告诉大家她的想法，并积极给予肯定和鼓励："设计师就是要做别人没有做过的事情，今天倩倩设计的房子不仅与众不同，还非常漂亮，老师希望将来能住上倩倩设计的花房子。其他小设计师，希望你们也能设计出特别的、多功能的房子，让我们的生活更加美好。"

[案例4]　　　　　　　领带的花纹是什么样子的呢？

●这里发生了什么

随着主题活动"全家总动员"的深入开展，我们的活动进入了第三阶段"爱的表达"。围绕第三阶段的核心目标，我们开展了社会活动"我和爸爸谈话"，通过活动幼儿了解了爸爸爱自己的多种表达方式，萌发了对爸爸的崇敬和喜爱之情，在活动中幼儿纷纷表示想通过送礼物的方式表达自己对爸爸的爱。经过讨论后，师幼共同决定在区域活动中制作领带送给自己的爸爸。

于是，我们设计了画好斜线的领带底图，试图引导幼儿运用绘画的方式有规律地装饰领带。幼儿在设计领带的时候，我们发现大多数的幼儿都会采用一格画一种图案装饰的方法，或者选用两到三种图案装饰，但都没有规律，只是随意地这儿画一个圈，那儿画一个点。

●我们的思考

在前期"快乐的幼儿园"主题活动中，幼儿通过"设计毛巾"活动已经有了绘画螺旋线、格子和圆圈图案的经验。现在我们围绕主题活动"全家总动员"第一个阶段的核心目标"温馨的家"在益智区提供了贴瓷砖的活动，练习有规律地装饰。在装饰领带的活动中，我们以为幼儿能迁移在益智区获得的经验装饰领带。而实际活动中，幼儿设计花纹时，只注意花纹的种类要不同，并没有在意整体的规律性、美观性。加之可能现在的爸爸也较少系领带，幼儿没有仔细地观察过爸爸领带上的花纹和图案。

● 接下来我们要做什么

教师的信息支架——爸爸领带的花纹是这样的

教师请幼儿收集爸爸的领带并带入园，并从幼儿带来的领带中挑选出几种图案特征明显的，引导幼儿进行观察对比。教师再小结出领带花纹的种类：①只有一种图案的领带；②格子图案的领带；③多种多规律的图案（如一排小花图案或一排线条）。

教师的策略支架——提供爸爸的领带及花纹素材

在区域活动开始环节教师引导幼儿观察自己带来的领带，观察领带上的花纹。教师小结出领带的花纹：①波点花纹；②斜线花纹；③格子花纹；④其他图案。教师将幼儿观察到的花纹运用简笔画的方式记录在纸上，并投放在区域活动中，供幼儿绘画时进行参考。将幼儿带来的爸爸的领带投放在区域活动中，便于幼儿在绘画的过程中随时观察。

[案例 5] 戴不起来的眼镜

● 这里发生了什么

幼儿非常喜欢用毛根制作眼镜的活动，做好眼镜后，他们可以送给自己的爷爷奶奶（老花镜），也可以送给好朋友（太阳眼镜）。可是收到眼镜的幼儿，有的把眼镜放在桌子上，有的一直拿在手上，没有一个人把眼镜戴起来的。

我们经过多次观察和询问不同的幼儿，发现幼儿制作好的眼镜根本戴不起来。有的幼儿制作的眼镜眼距太宽，有的制作的眼镜镜片一边大一边小，还有的幼儿制作的眼镜腿一边长一边短。

● 我们的思考

随着主题活动"全家总动员"的深入，我们进入了第三阶段。围绕核心目标"爱的表达"我们尝试制作眼镜送给爷爷奶奶，关爱老年人。我们同时融入了小班健康领域的目标——锻炼幼儿手部小肌肉的灵活性。因此在区域活动中，我们投放了毛根，运用弯、拧、折等方法教幼儿制作眼镜。

在制作的活动中，幼儿只关注了眼镜外形特征及制作方法——将两个圆圈中间进行连接，两边用长的毛根连接并弯曲，因此大部分幼儿把眼镜制作出来，没有关注眼镜的质量问题，导致大部分眼镜不能佩戴。

● 接下来我们要做什么

教师的信息支架——眼镜戴不起来是有原因的

在区域活动的评价环节，教师引导幼儿讨论眼镜戴不起来的原因。请几名幼儿试戴，看看说说眼镜哪里不合适。经过幼儿的共同讨论发现以下几点原因：①制作鼻托部分的毛根太长了；②制作出的镜框大小不一致；③镜腿的末端有个弯度，是挂在耳朵上的，这一部分制作的长短不一。

教师的信息支架——眼镜的结构是这样的

教师将班上小朋友佩戴的眼镜放在视频展示台上，带领幼儿观察眼镜的结构，知道眼镜分别由镜腿、镜框、鼻托组成。教师带着幼儿一一认识眼镜的每一个组成部分，并了解它们的作用。

教师的策略支架——试戴眼镜

教师引导幼儿讨论怎么制作出可以佩戴的眼镜，经过幼儿分组讨论，大家觉得：在设计完眼镜后，设计师要试戴一下自己制作的眼镜，调整眼距、镜架的长短等，调整合适后再送给好朋友。

区域五：爱家建筑屋

一、区域来源

随着"全家总动员"主题活动的开展，幼儿不断收集身边的信息，通过儿歌、游戏、表演等多种形式，了解了自己的家，认识了家庭成员，学习尊重自己的父母和长辈，感受到了家的温暖与美好，所以每当幼儿提到自己的家时都无比自豪与兴奋。

一天，亚亚和亦菲在爱家建筑屋搭积木，亚亚一边搭一边对旁边的亦菲说："你看这是我家，我家住在二楼。"亦菲听了说："我家住黄埔花园，我也来搭个我的家。"说完便开始搭了起来,搭好后她还高兴地喊了几个小朋友去看。幼儿七嘴八舌抢着谈起自己的家。

于是,教师将积木区更名为"爱家建筑屋",搭建的主题就是"我家的楼房"。教师尝试让幼儿在"爱家建筑屋"里发挥想象力和创造力设计搭建自己的家,进一步表达对家的情感。

二、情境创设

教师继续沿用了上一个主题中大象搭建积木的情境作为背景。结合家的情境,将"爱家建筑屋"的区域布置成有大门、有围墙的小区情境,墙面上粘贴了幼儿收集的自己住的小区图片,凸显了家的主题。让幼儿在家的情境中愉快、自主地搭建。

三、区域材料

	活动目标	项目、材料与分析	材料照片	玩法提示
第一阶段	1. 能运用对称、连续架空、垒高等技能搭建3~5层的楼房，表现自己家住的房子外形特征 2. 愿意大胆介绍自己的家住在几楼等家的信息 3. 尝试按需取放积木，不用的及时放回原处	1. 搭建我的家（一） ●材料：幼儿家房子的照片并贴上幼儿的大头贴，优盘里存放楼房的范例图片若干，在电视上滚动播放，温馨规则提示牌一块 ●分析： （1）主题活动"全家总动员"开展后，家长带幼儿观察自家所住的房子，并拍摄照片带来，幼儿通过观察，对自己家的房屋结构有了一些了解和初步的认识。因此在"爱家建筑屋"张贴幼儿带来的自己家楼房照片，让幼儿抬眼就能看见，有效激发了幼儿搭建家的欲望 （2）教师在电视上播放楼房的范例图片，帮助幼儿迁移搭建幼儿园房子的经验。同时，将本班幼儿搭建的房屋也拍成范例照片，肯定幼儿搭建成功的体验 （3）本学期的温馨提示牌根据幼儿的规则意识做了相应的调整，教师用照片的形式表现出幼儿按需取放积木的经验，张贴在墙上，供其他幼儿学习与借鉴		1. 进区后可以根据自己家的图片自由搭建 2. 也可以迁移搭建幼儿园的经验结合范例模仿搭建
第二阶段	1. 在搭建好的楼房基础上，尝试用小积木搭建家中不同房间的物品，进一步表达对家的认知 2. 能大胆向同伴介绍自己家各房间功能与设施	1. 搭建我的家（二） ●材料：提供各个房间的图片、家居模型 ●分析：主题活动进入第二阶段，搭建重点也从家的外观进入到家的内部。结合社会活动"舒适的家"，幼儿将自己家中各个房间的照片制成小书来熟悉家里的环境、物品，对家有更深刻地认识。教师还提供了家具模型，引导幼儿在与材料的亲密接触中，观察家的空间位置、不同房间的物品，从而能在搭建中大胆地表现出来		观察模型和图片，在搭建时愿意创造性地表现各个房间的物品和功能

续表

活动目标	项目、材料与分析	材料照片	玩法提示
第三阶段 1. 愿意当房屋设计师，设计房屋送给爸爸妈妈和其他家人 2. 尝试以小区为主题搭建自己住的小区 3. 尝试在搭建好的小区里按照自己的意愿创造性搭建小区的配套设施	1. 搭建我的家（三） ●材料：更换墙上的图片，提供幼儿家所在小区的完整图片、塑料小人玩偶一筐、小夹子和幼儿的大头贴 ●分析： （1）这些图片能提示幼儿他们住的小区不仅有楼房还有水池、路灯等设施，引导幼儿丰富搭建情节 （2）幼儿在搭建活动中，经常情不自禁地表达出自己在家里的各类情景，于是教师提供了塑料小人玩偶，帮助幼儿丰富"爱家建筑屋"的游戏情境，让幼儿充分体会对家的情感，更愿意去搭建 （3）随着主题"全家总动员"的开展，幼儿对家以及家人有了初步的认识，通过主题活动，引导幼儿以各种形式表达对家人的爱。因此，幼儿萌发了为爸爸妈妈设计房屋的情节。教师还提供了幼儿的大头贴，供幼儿设计好房屋后摆放在旁边，明确各位小设计师的作品，激发了幼儿搭建积极性和表现力		1. 根据图片信息的提示丰富小区里的环境 2. 搭建完成后赋予搭建物情境 3. 搭建好作品后，将自己的大头贴夹放在搭建的作品旁边，体现小设计师的身份

四、融合途径

1. 活动途径的融合

集体活动	区域活动	日常活动
语言活动： 小动物找家	搭建我家的楼房 （由集体活动生成）	爸爸妈妈带幼儿观察自己住的小区
社会活动： 舒适的家	搭建家中不同的房间、设施 （由集体活动生成）	爸爸妈妈在家里带幼儿观察自己的家，了解各个房间的名称及用途

2. 学习目标的融合

（1）健康领域的融合

◆ 能将用过的积木放回原来的地方。

（2）语言领域的融合

◆ 在活动中愿意向前来参观的幼儿介绍自己搭建的物体，并会用"我的家住在哪个小区""我的家在几楼""这是客厅、这是餐厅、这是卧室、这是厨房……"进行表述。

（3）社会领域的融合

◆ 知道家中各个房间的不同功用。

◆ 在规则牌的提醒下，能按规则进行游戏。

◆ 知道按需取适量的积木进行搭建。

（4）数学领域的融合

◆ 知道自己家住的楼层，在搭建时能够体现。

3. 游戏情节的发展

◆ "爱家建筑屋"与娃娃家：向前来参观的客人介绍自己搭建的作品。

五、案例点击

[案例1] **乱糟糟的房屋**

● **这里发生了什么**

近来幼儿已经能较熟练地运用板和圆柱进行架空、垒高等技能搭建自己家的楼房。有一些幼儿在搭好房屋后，会在每层楼里放上很多积木，在活动讲评时，大家都认为这样的房屋建得不美观，很乱，分不清房间的功能和用途。

● **我们的思考**

近来我们开展了集体活动"舒适的家"，幼儿带来自己家房间的照片，对自己家里各个房间的名称和设施有了一定的了解。在搭建房屋的过程中开始有意识地表现家内部的构造。但是由于搭建的房屋较小，在狭小的空间里摆放桌、椅等家庭设施，显然房间的空间不够，我们也没能提前准备一些替代物，所以幼儿搭建的房屋看上去乱糟糟的。

●接下来我们怎么做

教师的策略支架——利用替代物，满足幼儿搭建需求

在游戏讲评时，教师播放了幼儿搭建的房屋的照片，引出问题，并引导幼儿讨论："小建筑师房屋建得很好，可是房间里乱糟糟的，看不出每个房间到底有什么用怎么办？"岱宗说："卧室里要搭一张床，卫生间里要搭有一个马桶，这样就能分清了。""对，我们可以把每个房间的物品都搭出来。可是房间里的空间不够，那么设施都需要搭建，怎么办呢？"许久教室里一片寂静。我指着我们班幼儿带来的模型小家具，这时亚亚说："可以把那个里面的家具放过来。"小朋友们都说亚亚的办法好。

于是在每次搭建活动中，我们都鼓励幼儿使用模型家具分层摆放，体现不同房间的功能。

[案例 2]　　　　　　　　围墙围在哪儿？

● **这里发生了什么**

"爱家建筑屋"的小建筑师都在忙着搭建自己家的小区，有的只围了自己搭建的房屋，有的在老师提示下在自己搭建的楼房外沿搭大门和一道围墙。结果一组幼儿建好房屋后，围墙四面都有缺口。

● **我们的思考**

在第一阶段搭建自己家的时候，幼儿都自由搭建，表现自己家的楼房，现在主题活动进入到让幼儿表达对家的情感的第三阶段时，我们尝试让幼儿通过同伴间共同的围合来组合成一个小区。可能幼儿对小区的概念不是很清楚，只关注自己的家，对所住的小区没有去观察了解过，前期经验不足，所以我们提出搭小区，幼儿很迷茫，只围合自己的房子。

● **接下来我们要做什么**

教师的信息支架——围墙是盖在房屋外面的

在游戏讲评环节，教师引导幼儿共同讨论这个问题，用情境再现的方式，让幼儿观察搭建好的作品并引导幼儿发现问题，提示幼儿围墙要将多栋楼房

都围起来。其次，教师与幼儿共同观察幼儿带来的小区的图片，一起分析图片中的内容，让幼儿通过观察知道围墙中间不能有空隙，防止坏人随意进入。

教师的程序支架——小区这样建起来

教师将小区建筑用图来表示顺序，先建楼房，再建小区里的水池、小路、亭子等，最后建大门和围墙，围墙先建自己面前的，再和其他小建筑师的围墙连接起来。

[案例3]　　　　　凌乱的小区

● 这里发生了什么

近来，在"爱家建筑屋"的小建筑师们向前来参观的娃娃家爸爸妈妈介绍作品时，爸爸妈妈普遍反映他们搭建的小区看起来特别地凌乱。小建筑师们听了非常沮丧，看着自己的作品很迷茫。

● 我们的思考

小建筑师们搭建的小区看起来特别得凌乱是因为他们在小区里搭建了很多条路，在路的周围又搭建了好多小树和路灯。进入第三阶段的搭建时，幼儿虽然有了初步的合作意识，纷纷将自己知道的小区内的设施搭建出来。但是由于之前没有分工合作的经验，搭建的共性的东西很多，所以小区整体感觉特别凌乱。

● 接下来我们要做什么

教师的信息支架——分工搭建才能让我们的小区更美

教师就上述现象让幼儿介绍自己是如何搭建小区的，"爱家建筑屋"的小建筑师们纷纷回答："我搭了楼房还有路灯。""我也搭了楼房、路灯还有马路。"阳阳说："我搭了好多小树和马路。"教师："你们搭得都很好，可是这么多马路和小树就随便地建在小区里方便吗？怎样才能不乱呢？"瑶瑶说："我们可以分工，每人搭一样。""那我们一起来想想怎么样分工？先搭什么后搭什么呢？""先搭楼房。""然后搭小区里的小树、马路和路灯。"教师："小区里的楼房都是乱七八糟的吗？还是一栋一栋排得整整齐齐呢？"

瑶瑶接着说："那我们的楼房要前后排整齐。搭好楼房再搭小区里的小树、马路。""围墙那么长，怎么办呢？""大家一起来搭就可以了。"小朋友们都说这样的搭建方法好。

> **教师的策略支架——提供建筑物小图片**
>
> 教师提供小树、马路、亭子、喷水池等小区设施图片供幼儿选择，幼儿在搭建好楼房后可以选择图片搭建，避免冲突。同时也帮助幼儿进行了分工。

[案例4]　　　　　　　　　愉快的合作

● 这里发生了什么

陈左和百合开心地来到他们喜欢的"爱家建筑屋"。陈左拿了长条形、圆柱形积木用架高、对称等方法一会儿就搭了一座三层高的楼房，然后大声地喊："刘老师，你看我搭的房子好看吗？"他似乎对自己的作品非常满意，歪着小脑袋不停地瞅瞅这边又瞅瞅那边，我竖起了大拇指。百合紧挨着陈左的楼房边搭了一座大门，门上有长条形积木和三角形积木，于是我灵机一动，和百合商量说："百合，你家的大门和陈左家的楼房合在一起好吗？"百合只是笑了笑没回答我。

过了一会儿工夫，百合咚咚咚跑到塑料筐前，从中找了几个小动物玩具。我奇怪地问："百合，你干吗呢？"百合立刻说话了："给小动物住新房子了。"

只见她把小动物一一放在了楼房的里面、门口、房顶上……嘴里还说着："请你们住进来吧！"

陈左和百合高兴地拍起手来，说："小动物住进我们的新家了。"

● 我们的思考

在此活动中，幼儿能将语言活动中学到的语言儿歌《小动物的家》和社会活动"舒适的家"中动物的家和自己家的相关经验迁移到搭建活动中，使搭建活动情节更加有趣。

同时我们关注幼儿，倾听幼儿的表达，当他们的活动遇到困难时，我们会及时介入，用语言引导幼儿，进而引发幼儿的合作行为和游戏情节的发展。

● 接下来我们要做什么

教师的策略支架——将好经验进行推广

在游戏讲评环节展示陈左和百合的作品，并请他们向小朋友介绍他们的想法和做法，将好的经验进行推广。

[案例 5]　　　"我们的小区好漂亮哦！"

● 这里发生了什么

"欢迎来到我们的小区，我们的小区是锁金二村。"瑶瑶见娃娃家的"爸爸妈妈"来参观了，很自豪地招呼着并且介绍道："这是我家住的楼房，这是小马路，从这里一直走一直走再一拐弯就到我家了，还有小树，还有旋转木马呢……"说完很自豪地笑了笑。可是娃娃家的"妈妈"果果听完后说："你家的小区太乱了，连走路的地方都没有。"瑶瑶焦急地说："这个就是马路啊，这旁边是树和路灯呢。""就是乱七八糟的，不好看。"瑶瑶委屈地站在一边，想了许久，走到"爱家建筑屋"看了看墙面上粘贴的小区图片，又看了看自己搭建的小区，脸上露出了一丝笑容，只见她走到自己搭建的小区前面，边收积木边自言自语道："小树是在小路的两边的，哈哈，我再来把路灯换个位置，这样就不乱了。"瑶瑶就这样一边看看自己家小区的图片一边将自己的作品进行调整。

不一会儿，凌乱的小区焕然一新了。瑶瑶开心地喊着："我们的小区变漂亮喽！"

● 我们的思考

主题活动进行到了第三阶段，幼儿特别乐意搭建自己家的小区。在搭建活动中幼儿纷纷急于表现所观察到的事物，因此就搭建得有些杂乱无章。从这一片段中可以看出：虽然刚开始幼儿表现得很凌乱，但是幼儿在发现问题时，能够及时将教师提供的隐性指导运用起来，并通过观察比较，再次调整自己的作品。这说明幼儿的发展是一个持续、渐进、积累的过程。

随着幼儿的发展，我们在提供的材料上也需要由直接到间接，由直观到客观。这样才能促使幼儿发现问题，提高解决问题能力，真正做到"玩中学"。

● 接下来我们要做什么

教师的策略支架——合理提供幼儿游戏的材料

在其他需要教师隐性指导的区域或活动中也提供类似的支撑材料，帮助幼儿开展活动。

区域六：欢乐小舞台

一、区域来源

"欢乐小舞台"前期就已经创设，在这里，幼儿从随意地表演歌曲、儿歌，到逐渐扮演起小演员的角色，开始有意识地表演一些节目。在表演过程中，幼儿如同真正的演员一样投入和尽情，满足了他们强烈的表演欲望，巩固了他们在集体活动中学到的儿歌、歌曲和故事。因此"欢乐小舞台"区域继续沿用。

二、情境创设

幼儿很早就开始接触音乐，伴随着母亲哼唱的声音、摇晃的节奏就已经在体验着音乐带给他们的享受，他们对音乐有着一种特殊的敏感和接受能力，可以说幼儿是天生的"音乐家"。他们喜欢敲打制造声音，创造出各种类型的节奏，乐于在动听的乐曲中做着手脚或身体的舞动，以表达对音乐作品的理解或感受。为了让"欢乐小舞台"的内容更加丰富，满足幼儿敲打节奏的意向，教师提供了节奏乐器和可以播放音乐的播放器。将集体活动中学过的音乐存在优盘里，让幼儿通过播放器选择表演曲目的音乐。同时还可以选择节奏乐器跟随音乐的节奏边演唱歌曲边伴奏。

三、区域材料

	活动目标	项目、材料与分析	材料照片	玩法提示
第一阶段	1. 能够根据投骰子来确定节目单，愿意按照节目单顺序来表演节目 2. 同伴间通过商讨，尝试分角色表演故事 3. 能够根据儿歌或歌曲内容进行简单创编	1. 表演歌曲、故事 ● 材料：优盘播放器、《我家有几口》《小板凳》《亲亲我》《我的好妈妈》音乐、一家人手指偶两个、《小猪的妈妈不在家》的角色形象贴若干 ● 分析： （1）教师将在集体活动中用过的歌曲伴奏存放在优盘里，幼儿在该区域中可以通过播放伴奏选择自己所表演的节目。有了音乐的支持，让舞台的情境更加真实，让幼儿的表演更加丰富 （2）教师提供了故事读本对应的服装、道具等，让幼儿增强角色意识 （3）教师还将集体活动"我有一个幸福的家"中用过的教具投放在欢乐小舞台中，幼儿可以根据手偶人物创编儿歌		通过掷骰子选择要表演的节目，选择道具、头饰，可以大家一起表演，也可以单独表演，教师帮助播放背景音乐
第二阶段	1. 尝试根据音乐的节奏，一边演唱歌曲一边演奏节奏乐器 2. 一次只能选择一样乐器，用完后能够放回原处 3. 体验和朋友一起表演的快乐	1. 打击乐曲 ● 材料：摇铃3个、沙锤3个、圆舞板3个 ● 分析：教师提供节奏乐器是为了丰富节目的表演形式，幼儿可以有多种道具进行辅助表演。激发幼儿在区域活动中参与的积极性及表演的欲望		自由选择一种节奏乐器，边唱边演奏乐器

四、融合途径

1. 活动途径的融合

集体活动	区域活动	日常活动
语言活动： 我有一个幸福的家	表演创编儿歌《我有一个幸福的家》 （由集体活动延伸）	在生活中愿意和家人交流，亲近老师
音乐活动： 我家有几口	表演创编歌曲《我家有几口》 （由集体活动延伸）	增进和老师的情感，在生活中愿意和老师抱一抱
语言活动： 小猪的妈妈不在家	讲述、创编故事《小猪的妈妈不在家》 （由集体活动延伸）	同伴有困难了，在老师的引导下，愿意帮助小朋友
	表演手指游戏"爬楼梯" （由日常活动延伸）	手指游戏 "爬楼梯"

2. 学习目标的融合

（1）健康领域的融合

◆ 能灵活地操作节奏乐器。

（2）语言领域的融合

◆ 表演节目时能边操作道具边口齿清楚地、有节奏地念儿歌、童谣。

◆ 能够边操作手偶边复述、创编故事。

（3）社会领域的融合

◆ 能够根据投骰子来指定节目单，愿意按照节目单按顺序表演节目。

◆ 在规则牌的提示下，能遵守"欢乐小舞台"的规则：一次只能选择一样乐器，用完后要放回原处。

（4）艺术领域的融合

◆ 会根据自己表演的节目选择适合的节奏乐器。

◆ 能够跟着音乐的节奏，边演奏乐器边念儿歌或演唱歌曲。

3. 游戏情节的发展

◆ "欢乐小舞台"与其他区域。

◆ 其他区域的小朋友"下班"后可以到"欢乐小舞台"看表演。

◆ "欢乐小舞台"的演员可以到其他区域邀请小朋友来看表演。

五、案例点击

[案例1]　　　　　　　　创编的儿歌都一样

● 这里发生了什么

在"欢乐小舞台"中，幼儿初步尝试了对儿歌《我有一个幸福的家》中的家庭成员进行替代式创编，大部分幼儿都能用爷爷、奶奶进行替换，对其他家庭成员角色如叔叔、姑妈等进行替换创编的几乎没有。

● 我们的思考

在家庭成员中，幼儿最熟悉的就是爸爸妈妈了，其次是爷爷奶奶。这些家庭成员是经常出现在幼儿生活中的，且有感情，所以幼儿乐意将他们创编在儿歌里。而当一个幼儿创编时用爷爷、奶奶进行了替换，我们立即给予了肯定和表扬，这激发了小班幼儿喜欢模仿的特点。

同时由于教师提供的手指偶房子的材料中只有五个家人，所以给一些幼儿造成思维的定式，以为只能创编手指偶上有的人物，造成了创编的局限性。

接下来我们要做什么

　　教师的策略支架——我的家人有很多

引导幼儿关注并感知家人其实有很多,从而激发幼儿主动创编的愿望。教师还可以多制作一些家人(家庭中常见的家人,如哥哥、妹妹、外公、外婆等)的子母扣图片,引导幼儿在创编前先选择好想创编的家庭成员的图片,并贴在墙上,先明确他们是谁,然后进行创编。

[案例2]　　　　　　什么时候我出场?

● 这里发生了什么

在"欢乐小舞台"里,刚结束了集体活动"小猪的妈妈不在家",幼儿都非常喜欢这个故事。幼儿已经能较完整地讲述里面的主要对话,但是在分角色讲述的过程中,一些幼儿对自己的角色意识不明确,有时轮到自己表演了,还没有出场,有时还没有到自己出场的时候,就去抢着帮别的角色把话讲了。在故事表演中,大部分幼儿不能按照出场顺序与同伴进行表演。

● 我们的思考

《小猪妈妈不在家》这个故事情节比较简单,易于理解,适合小班的幼儿表演。因此当故事中人物手偶投放在区域时,幼儿都非常喜欢拿着手偶边玩边说。

但是,小班幼儿以自我为中心,所以常常表现得自言自语,对于故事表演中的角色意识比较淡薄。在故事表演中不会考虑到和同伴的合作关系,对小动物的出场顺序也可能记不太清,什么时候该自己扮演的角色说话,他们并不太清楚。

● 接下来我们要做什么

　　教师的信息支架——我们要合作表演

教师告知幼儿:如果一个故事里出现了两个以上的角色,可以分角色共同表演一个故事,这就需要小朋友合作表演。这个故事里有四个小动物,就请四个小朋友分别套好四个小动物手偶,来扮演小动物。

同时要知道：小猪说话的时候，其他动物不能讲话，要仔细听，小牛讲话的时候也一样。使幼儿明确自己只讲自己角色的话。

教师的策略支架——示范表演

请四名幼儿示范表演，在表演过程中提示幼儿故事表演的方法。使幼儿通过观看别人表演或自己亲身体验，进一步明确只有每个人只说自己扮演角色的话，连在一起，这样才叫合作表演。

教师的策略支架——用图片排出场顺序

教师可以在"欢乐小舞台"中准备一些《小猪妈妈不在家》故事中出现动物的子母贴图片，在表演故事前先按照动物的出场顺序，将图片依次排好，贴在墙上，再商量角色进行表演。表演过程中，如果幼儿忘记下一个应该是谁出场了，只需看一看墙上的出场顺序单即可。这样不仅可以让幼儿学会协商，图片的出现还为幼儿提供了表演的支撑，同时也让幼儿之间的合作表演能力得到了锻炼与提升。

[案例 3]　　你会正确使用乐器吗？

●这里发生了什么

为了帮助幼儿根据音乐有节奏地演唱新学的歌曲，我们在音乐区投放了铃鼓、沙锤、圆舞板等演奏乐器。我们发现，在活动中，大部分幼儿会使用铃鼓，却不会正确使用沙锤和圆舞板，幼儿经常一只手拿沙锤，一只手拿圆舞板，或者两只手拿圆舞板，跟不上歌曲节奏。

●我们的思考

我们投放的节奏乐器是表演区新增的材料，幼儿没有玩过，只是见过教师使用过铃鼓，因此他们知道铃鼓的使用方法是：一只手拿铃鼓，另一只手随着音乐节奏拍鼓面。而沙锤和圆舞板他们没见过教师使用，教师也没有集体教授过怎么使用，因此幼儿不会用，在进区表演时就出现了一只手拿沙锤，一只手拿圆舞板或两只手拿圆舞板的现象。

全家总动员

● 接下来我们要做什么

教师的信息支架——沙锤、圆舞板这样击打

教师将幼儿分成六组,每组配发若干沙锤、圆舞板,请幼儿自由摸索使用方法,听听沙锤、圆舞板的声音,尝试用一只手拿着沙锤打节奏,再用两只手试试,圆舞板同上。接着请个别幼儿示范使用,其他幼儿观察讨论,学习沙锤、圆舞板的正确使用方法,知道沙锤的使用方法应该是两只手各拿一个,随着节奏由上往下一下一下地摇;圆舞板则应该是放在一只手的手心里,另一只手从上往下拍着圆舞板打拍子。

教师的策略支架——出示歌曲,随着歌曲节奏使用乐器,巩固正确方法

教师播放《办家家》《我的好妈妈》等歌曲,请幼儿根据歌曲节奏,先用沙锤伴奏,接着用圆舞板伴奏,最后用铃鼓伴奏,掌握每种乐器的正确使用方法,学习边运用乐器打节奏边有感情地演唱歌曲。

[案例4]　　　　　　　　亲热的一家人

● 这里发生了什么

"我有一个幸福的家,有爸爸,有妈妈,还有我这个小娃娃,亲亲热热在一起,我们都爱这个家!"欢乐一手套着爸爸手偶,一手套着妈妈的手偶,站在小舞台中间,一字一句地说着。旁边的阳阳,咯咯咯地笑,"你为什么笑啊?"我轻声地问。"我觉得一点都不亲热!""那你觉得怎么做才亲热呢?"我继续问着。"我觉得抱在一起才亲热!"阳阳不假思索地脱口而出。"那你觉得呢?"我的目光转向了欢乐,她想了想说:"可以亲一下。"旁边的凌凌把头伸了过来,抢着说:"可以脸贴着脸……"

紧接着,轮到凌凌表演了,她镇定自若地站在小舞台中间,随着儿歌的韵律边摇晃着身体边说:"我有一个幸福的家……"当说到"亲亲热热在一起"的时候,她笑眯眯地用自己的脸蹭了蹭"爸爸"和"妈妈"的脸,还嘟着小嘴巴亲了亲"爸爸妈妈"的脸颊。

● 我们的思考

幼儿在集体活动"我有一个幸福的家"中已经了解了"亲热"这个词的意思,

有些幼儿能将集体活动中获得的经验迁移到区域活动中，并对同伴的表演提出质疑，同时能将区域中教师与幼儿的谈话经验在活动中灵活地运用，使得幼儿的表演经验在幼儿与幼儿，幼儿与教师的不断交流中日益丰富。

可以看出，幼儿有了一定的表演经验后会不断地进行整合，进行创造性活动。同时，幼儿会将学习到的内容进行"自主嫁接"，从而完成自主学习的过程。

● 接下来我们要做什么

教师的支架策略——鼓励幼儿将好的经验传递

教师在讲评环节将幼儿在表演中乐于用动作表现歌曲的经验通过示范性表演向小朋友传达，并请幼儿学习。同时教师肯定幼儿的做法，促进其他幼儿积极效仿。

[案例 5]　　　　　　我来帮你洗澡

● 这里发生了什么

鹏鹏举着小猪的手偶说："我的妈妈不在家，我邀请小动物们来我家玩吧！"小动物们来了，杨杨举着大象的手偶走了过来，说："我来帮你洗洗澡吧！"她一边抖动着大象的鼻子喷水，一边发出嘶嘶的声音。"给你用点洗发水！"杨杨边说边用手心在旁边按了两下，随即用另一只手接住，紧紧地攥在了手心里，然后转身迅速地涂在了鹏鹏的头上。鹏鹏笑笑说："呀，你涂得太多了。""这样可以洗干净呀，身上太脏了，再给你身上涂点沐浴露吧！"杨杨边说边往鹏鹏身上抹着。鹏鹏缩着身体咯咯咯笑着说："太痒了，你慢一点啊！"过了一会儿，杨杨看着鹏鹏开心地笑了，"哈哈，洗好啦！"

● 我们的思考

在"欢乐小舞台"这一区域中，我们为幼儿布置了一个温馨的环境，正中间是弧形的波浪线的布，两侧的幕布用线扎了起来，为幼儿创设了一个与小舞台基本一致的情境。同时，我们提供了与故事内容相关的动物手偶、头饰，将幼儿引入活动，这些道具、材料的提供激发了幼儿表演的兴趣。

在"小猪妈妈不在家"的故事表演中,我们提醒幼儿结合自己生活中看到、听到的内容来丰富故事情节,对故事进行创编和续编,使幼儿将家里的生活活动与故事情节进行有机融合。从上述的片段可以看出,幼儿能够将自身的已有经验迁移到故事情节中来,将生活与游戏进行融合,丰富了故事的情节。

● 接下来我们要做什么

教师的策略支架——提供多种材料,推进表演情节发展

小班幼儿如果有了物的呈现,更利于他们想象和创造,所以教师有意识地提供餐巾纸、奶瓶、毛巾等物品,放置于区域中,在故事表演时让幼儿选择后再表演,方便他们表现照顾小猪的情节。

区域活动的评价

一、幼儿的评价

幼儿姓名	幼儿的评价
大牛	我家有四口人,还有姐姐呢。(在小舞台表演时唱道)
倩仪	我有两个家,一个在南京,一个在香港。(在香港出生)
振耀	这是谨怡小时候,他们家有五口人,和我家一样。(在操作"一家有几口"材料时)
冉冉	这是我家的厨房,奶奶就在这里做饭,这是客厅,我们在这里看电视。(在"宝贝书屋"里边翻阅《我的家》小书,边向朋友介绍自己的家)
熹熹	老师,这是我设计的房子,送给爸爸妈妈,漂亮吧。(在"美家设计屋"涂色房子)
嘉嘉	我要把这架钢琴放在我家的客厅里。(折好钢琴后)
谨谨	这是我和航航、钧钧一起建的小区,就叫"花园小区"。(在"爱家建筑屋"建造家)
友哲	我要把这条领带送给爸爸。(设计好领带后)
涵涵	老师,我设计的小包漂亮吧,我去送给娃娃家的"妈妈"。(在"贝贝休闲屋"按标记装饰小包后)
乐乐	我要造很高的楼房,还要有电梯,给爸爸妈妈住。
……	……

二、家长的评价

幼儿家长	家长的评价
谨怡的奶奶	孩子每天回家就唱《我家有四口》《办家家》,听得我都会唱了。
博博的妈妈	现在孩子可喜欢画画了,画各种房子,还说是送给我的。
钧钧的爷爷	这孩子不太爱讲话,昨天回家时送了我一根自己做的领带,还说:"爷爷辛苦了。"让我很激动。
朵朵的妈妈	这孩子一直很调皮,最近觉得她有点懂事了,我回家会给我拿拖鞋,奶奶接她也不乱跑了,还经常说我们是相亲相爱的一家人。
振耀的奶奶	这孩子整天说奶奶辛苦了,一会儿要帮我捶背,一会儿要帮我端菜。
欣欣的妈妈	在家玩积木,天天搭房子,还说他是设计师,要将房子送给我们。
洋洋的妈妈	今天回家告诉我们,他在妈妈肚子里时是小胎儿,出生后是小婴儿,懂的真不少。
……	……

三、教师的评价

1. 幼儿的变化

现在的幼儿多半是老人带,是全家的宠爱,以宝贝为生活中心已经成为常态,幼儿对父母长辈的付出多半是自然的接受,懂得回馈的幼儿少之又少。

主题活动"全家总动员"历时6周即将结束,幼儿积极地将在集体活动中学习到的儿歌、歌曲大胆地在"欢乐小舞台"中表演、在家庭中表演。在"爱家建筑屋",每天都在建造一栋栋充满想象力和爱心的楼房。"美家设计屋"的"小设计师"们每天用画、剪贴、折叠等方式设计制作房屋模型、设计领带、太阳眼镜,送给自己的家人。在家中幼儿给下班的父母拿拖鞋,帮爷爷奶奶拿报纸、拿眼镜,对他们说出感激的话、甜甜的话,逐渐懂得了感恩。

2. 教师的变化

(1)区域材料一起做,让家园联系更紧密。

教师开展区域活动是本职工作,同时考虑到幼儿家长的工作很忙,一般很少让他们参与到我们的教学工作中来,其实,这样无形中减少了家园沟通,借助"全家总动员"主题活动,我们尝试将家长拉入活动之中,共同为幼儿准备一些区域活动的材料,请家长配合和幼儿共同完成。如我们"宝贝书屋"里一本本关于家庭成员、家庭环境、孩子的成长等自制小书,不仅让幼儿在书屋中向同伴介绍、相互欣赏,激发幼儿对家的认知,更是让其在翻阅的过程中去体会父母、长辈的无私付出。同时,也将年轻的父母拉入我们的主题活动,和幼儿一起成长,家庭也将更加和谐。

(2)边学边做,让理论指引我们前行。

新建构主义对我们的区域活动有着积极的指导意义。其中"嫁接"学说给我们的进一步启示是:学习的目的不仅仅是为了知识的传承,更包括知识的创新。为创新而学习是学习的最终也是最高目标。所以在集体教学活动"折纸房子"中,教师将折房子的方法用儿歌的方式教与幼儿,幼儿很快学会了,在区域活动中,我们提供了彩纸,提供了钢琴的折纸过程图,让幼儿尝试用折房子的方法稍加变化折出钢琴,进行知识的创新。

3. 我们的困惑

在区域活动中，教师不仅是环境的创设者、材料的制作者，更是经验的传递者和幼儿共同学习的合作者。就某一阶段某一个活动的某一目标，我们能有目的地进行经验的传递，但是对昨天、前天甚至是上周的经验如何有效地延伸、渗透，还在摸索中。

附集体教学活动

活动1 舒适的家（社会）

【活动目标】

1. 了解自己家中不同房间和设施的名称及用途。
2. 能体会家的温馨，萌发对家庭的热爱之情。

【活动准备】

1. 经验准备：请家长引导幼儿观察家中房间的设施有哪些，并能说出自己认识的房间、设施的名称及用途。
2. 物质准备：请两名本班幼儿拍摄一段介绍家中房间及用途的视频。卧室、卫生间、厨房、客厅的大图片一张。

【活动过程】

一、观看家庭环境的录像，初步了解家里的各个房间

1. 教师：每个小朋友都有一个美丽、舒适的家，看看这是谁的家呀？（看录像）

2. 教师：咦，这是什么房间呀？（这是扬扬家的客厅。）看看客厅里有什么呀？（沙发、电视机、桌子、椅子……）客厅有什么用呀？

3. 教师小结：客厅是招待客人的，客人来了我们应该说些什么呢？（请坐，请你喝杯茶。）

4. 教师：瞧，我们又来到了卧室，里面放了些什么呀？（床、大橱、电视机……）卧室是干什么的呀？（睡觉的。）

5. 我们再参观一下扬扬家的卫生间和厨房，这两个房间有什么用呀？

教师：扬扬可以在卫生间里洗澡、上厕所。爸爸妈妈在厨房里烧饭、炒菜。

二、通过图片、互动游戏深入了解家中不同房间的名称及其用途

1. 出示房间的图片，引导幼儿观察。

教师："这是什么地方？""我们可以在这里面做什么事情呢？""请你们用动作来表示！"

2. 互动游戏活动：看一看，做一做，说一说。

三、结束活动：巩固对房间的认知

1. 再次播放家庭录像视频（有声音）。

2. 师生共同小结家中房间、设施的名称及用途。

【活动延伸】

1. 请家人与孩子一起制作《我的家》小书，投放在语言区引导幼儿互相介绍自己家中的房间、设施的名称及用途。

2. 在家中帮助家人整理房间的物品。

活动2　小动物找家（语言）

【活动目标】

1. 理解儿歌内容，初步学会诵读儿歌。丰富词汇：蓝蓝的、清清的、绿绿的、黑黑的。

2. 通过一一对应、谈论、游戏等进行感知和表达小动物的家。

3. 萌发对"家"的温暖的感受。

【活动准备】

1. 经验准备：幼儿知道自己有一个家，已认识部分动物和知道部分动物的家，教师知道动物和它们的家的有关知识。

2. 物质准备：四幅不同动物的家背景图片、小动物图片（小鱼、小鸟、螃蟹、小马）、自己家的有关照片。

【活动过程】

一、欣赏家的照片,激发幼儿的学习兴趣

1. 教师:小朋友,今天老师带来了几张照片,请你们一起来看一看。(介绍自己的家)刚才,你们看到的就是老师的家,我的家就住在新都苑。那你们的家住在哪里?谁来说一说?

2. 每当一个幼儿说出自己的家,教师都尝试用儿歌中的节奏和结构进行小结。如:"我的家在龙蟠路。"教师:"高高的楼房是××的家。"

二、学习儿歌,在儿歌的情境中感受不同的"家"

1. 逐一观看图片,理解儿歌内容,并能运用词汇表述小动物的家。

教师:小朋友都知道自己的家住在什么地方了,可是这里有一群可爱的小动物还没有找到自己的家,(教师出示小鸟图片)你们看它是谁呀?(小鸟)你们知道小鸟的家在哪里吗?小鸟最喜欢在天空中自由自在地飞翔,天空就是小鸟的家。师追问:天空是谁的家?(提醒幼儿把话说完整)(出示天空图片)那天空是什么样子的?(引导幼儿说出:蓝蓝的天空)蓝蓝的天空是谁的家?(蓝蓝的天空是小鸟的家)

(出示小鱼图片)教师:小鸟找到家了,看谁也来找家了?(小鱼)那小鱼的家在什么地方?(小河)你们看小河的水怎么样?(清清的……)清清的河水是谁的家(小鱼的家)教师在幼儿回答后,要有重点地引导幼儿用儿歌中的话来说:清清的河水是小鱼的家。

(出示小马、螃蟹图片)理解:绿绿的草原是小马的家;黑黑的泥洞是螃蟹的家。

2. 学习朗诵儿歌《小动物找家》。

幼儿边看图片边朗诵儿歌1~2遍。

师幼完整地朗诵儿歌。

教师:让我们一起大声地告诉小动物它们的家在什么地方吧。

教师小结:虽然每个人和动物都有不同的家,但是每个家都有相同的温暖,因为每个人、动物的家里都有亲爱的爸爸、妈妈……

3. 仿编儿歌。

教师：你们想想看，蓝蓝的天空除了是小鸟的家还会是谁的家呢？（蝴蝶、蜻蜓）那清清的小河除了是小鱼的家还会是谁的家？……

三、玩游戏，在玩耍中感受"家"的温暖

1. 游戏：小动物找家。

教师：在这个好听的儿歌里还藏着一个游戏呢，你们想不想来玩一玩？（想）

介绍游戏的方法：幼儿自由选择动物的胸饰，场内布置四种动物的家，幼儿边听音乐边做不同动物的动作，当音乐一停，"小动物"马上去找自己的家，找到家后全体幼儿朗诵儿歌。（可交换胸饰玩游戏）

2. 教师：今天，小朋友都很能干地帮小动物找到了自己的家，可其他小朋友还不知道呢，我们赶紧去告诉他们吧。

【活动延伸】

1. 幼儿回家后和爸爸妈妈玩小动物找家的游戏。
2. 在语言区中进行动物找家的讲述活动。

活动 3　我家的物品（科学）

【活动目标】

1. 知道并说出家中一些常见物品的名称及用途。
2. 通过讨论、交流、玩房间和物品匹配游戏，进一步感知家中物品。
3. 喜爱自己的家，懂得要爱护家里的各种物品。

【活动准备】

1. 经验准备：幼儿已经知道家中部分物品名称和用途。
2. 物质准备：根据班级人数创设几个娃娃家的场景、各种家具物品的图片、操作图《连连看》。

【活动过程】

一、创设娃娃家游戏情境，引导幼儿整理娃娃家物品

1. 教师：小朋友们，你们喜欢玩娃娃家的游戏吗？游戏结束时间到了，我们应该做些什么事情呢？（把物品整理好。）

2. 教师：今天娃娃家里的娃娃有点不开心，因为他觉得家里很乱，谁愿意做他的爸爸妈妈，把家里整理一下？

3. 幼儿分角色到娃娃家去整理物品，边整理边说一说这是什么。

二、进一步了解家庭物品的名称和作用

1. 教师：你刚才整理的是什么物品？你知道它是用来干什么的吗？

2. 教师：你们自己家还有什么其他的物品？可以用来干什么？（出示图片，请幼儿大胆介绍，教师根据幼儿回答出示相应的图片。）

3. 初步懂得保护物品的方法。

教师：这些物品为我们的生活提供了方便，我们应该怎样保护物品呢？

（幼儿自由地谈一谈保护物品的方法。）

4. 教师总结：要按说明来使用，不能在家具上乱涂乱画，不能用小刀敲、刻家具等。

三、玩连线游戏《连连看》

请幼儿将不同房间和物品进行匹配连线。

【活动延伸】

1. 在家里我们可以跟爸爸妈妈一起介绍自己家里的物品。

2. 在"娃娃家"中引导"娃娃家"的"爸爸"、"妈妈"游戏前整理家中物品。

3. 在益智区中玩物品匹配的连线游戏。

【活动材料】

连连看

指导语：下面的地方和物品你认识吗？请将相关的物品和房间连起来。

活动4 办家家（音乐）

【活动目标】

1. 初步感受四分节奏并尝试用娃娃家的餐具来表现 ××|××| 与 ×××|×× ×|×× ××|×× ×| 的节奏，会唱歌曲。

2. 通过角色扮演体验与同伴共同表演共同游戏。

3. 喜爱玩娃娃家，感受游戏的快乐。

【活动准备】

1. 经验准备：活动前熟悉歌曲《办家家》，已有玩娃娃家的经验。

2. 物质准备：围兜、蝴蝶结若干、磁带、录音机、娃娃用的小碗、调羹。

【活动过程】

一、分配角色，幼儿听音乐愉快地进活动室

教师：小朋友，我们来办娃娃家，好吗？请戴着蝴蝶结的男孩子当爸爸，系围兜的女孩子当妈妈，老师来当大妈妈。现在请"爸爸"开着小汽车带着"妈妈"去买菜，好，"爸爸"们，"妈妈"们，出发！（女孩子跟在男孩子后面并拉着男孩子的衣服，一对对听着音乐自由地"开车"。）

二、律动《办家家》，初步感受四分节奏

1. 引导幼儿跟着老师按四分节奏做洗洗|洗洗|切切|切切|炒炒|炒炒|的动作，重点练习|炒小菜|炒小菜|炒好小菜|开饭啰|的动作。

2. 幼儿愉快地表演律动《办家家》。

三、游戏"快乐的娃娃家"，引导幼儿用小碗、调羹来表现节奏

1. 教师表演，激发幼儿表现的欲望。

教师：娃娃吃饱了，就开心地笑了起来，瞧！"妈妈"的碗娃娃和调羹娃娃也高兴地唱起歌来了。

2. 教师用调羹按 ××|××| 的节奏敲击小碗，炒小菜处配节奏 ×× ×|×× ×|×× ××|×× ×|（配乐），妈妈的小碗和调羹是怎么唱歌的？（引导幼儿用调羹敲击小碗来表现节奏，教师用鼓声控制幼儿敲打的速度。）

3. 教师：你们的小碗也会唱歌呢，请你试试看。跟着妈妈的鼓声一起来

唱歌，教师指挥幼儿分男女小朋友用接龙的方法敲打小碗。

4. 教师：现在爸爸和妈妈来比一比，谁的小碗唱歌唱得好。在音乐的伴奏下，全体幼儿完整地表演游戏"快乐的娃娃家"。师：请小碗、小调羹跟我们一起办家家吧！

四、听音乐自由敲打小碗出活动室

小班教室里有个娃娃肚子饿了，我们拿着小碗小调羹去喂他吧。

【活动延伸】

1. 在娃娃家里扮演爸爸妈妈进行游戏。

2. 在音乐区中进行表演。

★生成活动

活动 5　歌唱游戏　小雨点按门铃（音乐）

【活动目标】

1. 在游戏情境中初步学唱歌曲《小雨点按门铃》，能有节奏地说"你好，请进"！

2. 能分清小雨点和小鱼的角色，愿意与同伴分角色进行表演，初步尝试与同伴交换角色。

3. 喜欢与同伴一起玩音乐游戏，体验到朋友家做客的快乐。

【活动准备】

物质准备：小雨点、小鱼的手偶、音乐《小雨点按门铃》。

【活动过程】

一、故事导入，激发幼儿的好奇心

1. 教师讲述故事。

教师：下雨啦！小雨点跳进池塘到小鱼家做客，按响门铃，"叮咚叮咚叮叮咚"，小鱼高兴地跳出水面对小雨点说了一句有礼貌的话，你们猜猜他说了什么？（幼儿自由回答）

2. 幼儿进行猜测。

二、倾听歌曲，熟悉歌词，学说"你好，请进"

1. 教师范唱歌曲（唱到"你好，请进"时加上动作）。

教师：让我们一起来听一听，小鱼说了一句什么话？

"小雨点按门铃，叮咚叮咚叮叮咚，小鱼儿真高兴，能跳水把客人请，你好，请进！"

2. 难点前置学说"你好，请进。"（配合动作练习2~3次）

教师：真是一条有礼貌的小鱼呀，如果小雨点到你家做客，你也会有礼貌地招待客人吗？

教师：我们一起和小鱼学学吧。

3. 幼儿带着问题倾听。（引导幼儿跟着老师唱一唱）

教师：小雨点按门铃，发出了什么声音呀？

4. 幼儿带着问题再一次倾听。

教师：小鱼儿，真高兴，跳出水把谁请呢？

5. 教师配合手指游戏再次范唱。（引导幼儿小声跟唱）

教师：让我们和小雨点、小鱼一起做游戏吧。

三、游戏"小雨点到小鱼家做客"，学唱歌曲

1. 教师扮演小鱼，引导幼儿观察小鱼的动作。（完整伴奏）

教师：我是小鱼，请你们看一看我是什么时候站起来欢迎客人的？

2. 教师带幼儿集体练习小鱼的动作。（两遍）（完整伴奏）

3. 教师做小雨点与一名幼儿示范两人合作的游戏玩法。（清唱）

教师：这次游戏我来做小雨点，你们是？（小鱼）

教师：请你们仔细看，我是在放什么音乐的时候找到朋友的？（门铃声响的时候）

4. 教师带一名幼儿进行游戏，引导其他幼儿观察问题。（清唱）

5. 请一半的幼儿做"小鱼"，一半的幼儿做"小雨点"进行游戏。

6. 教师与配班老师示范交换角色的部分。

教师：这次请杨老师来做小雨点，我来做小鱼，请你们看看我是怎么招

待客人的。

教师：我请小雨点坐下，我就变成下一次游戏的小雨点了，我就变成什么了？（小雨点）

7.请一半的幼儿做小鱼，一半的幼儿做小雨点再次进行游戏，尝试与同伴交换角色。（清唱，重点练习交换位置的动作）（完整伴奏）

活动6　我的家人（社会）

【活动目标】

1. 知道家里有些什么人，能说出父母的姓名以及他们做什么工作。
2. 通过玩偶的对话互相介绍家人，并能用较清楚地语言表达自己的意思。
3. 体会家人在一起的幸福感受。

【活动准备】

1. 经验准备：了解家里都有谁？他们叫什么名字？爸爸妈妈叫什么？了解有关家人的信息。
2. 物质准备：每位幼儿的全家福一张、一个娃娃玩偶。

【活动过程】

一、出示娃娃玩偶，引起兴趣

教师以玩偶的口气说：小二班的小朋友你们好，我叫乐乐，我的家里有爸爸、有妈妈，还有奶奶。我的爸爸叫××，他是空军。小朋友，你们的家里都有谁？他们是干什么工作的，请你们告诉我。

二、学习介绍自己的家人信息

1.（出示小朋友们的全家福）教师：小朋友的家人都在这张照片上，谁会介绍你的家里有谁？他们叫什么名字？在哪儿工作？

2. 请1~2名幼儿示范介绍。

3. 同伴间相互介绍，教师：现在请每位小朋友拿着你的全家福，和你的同伴说一说。（幼儿介绍过程中，教师给予适当地语言帮助。）

4. 幼儿两两结伴介绍自己的家人。

三、欣赏儿歌《我有一个幸福的家》

1. 教师：刚才小朋友都清楚地介绍了自己的家人，乐乐说他听清楚了，下面，他还有一些话想对小朋友说。

2. 教师模仿玩偶的口气念儿歌，幼儿欣赏，并说说自己的感受。

【活动延伸】

1. 将幼儿的全家福照片放在语言区让幼儿进行讲述。

2. 布置小墙饰"幸福一家人"。

活动7　儿歌　我有一个幸福的家（语言）

【活动目标】

1. 会朗诵儿歌，理解儿歌，知道自己有一个幸福的家以及家庭人员有哪些。

2. 在游戏情境中理解词语：幸福、亲亲热热。

3. 更加爱自己的家，感受家的幸福。

【活动准备】

1. 经验准备：幼儿知道自己家有几口人。

2. 物质准备：每人自带一张全家福、音乐《办家家》、一家人手指玩偶。

【活动过程】

一、听音乐《办家家》，引起幼儿的兴趣

幼儿听到音乐后愉快地表演《办家家》，知道家里有爸爸妈妈和孩子。

二、相互介绍"幸福的家"

出示一张全家福照片，提问：这是谁家的照片？照片上都有谁？你们一家人在一起感觉怎样？丰富词汇："亲亲热热"、"幸福"。

三、学习诗歌

1. 教师手戴一家人手指玩偶，以娃娃的口气有感情地朗诵诗歌1~2遍。

"我有一个幸福的家，有爸爸，有妈妈，还有我这个小娃娃亲亲热热在一起，我们都爱这个家。"

2. 幼儿随教师一起学习诗歌，可指着自己的"全家福"照片朗诵。我有

一个幸福的家，有爸爸，有妈妈，还有我这个小娃娃，亲亲热热在一起，我们都爱这个家。

3. 采用小组、个别、男、女孩分组等多种形式朗诵，增强幼儿的学习兴趣。

四、尝试创编儿歌，表达对不同家人的情感

教师：娃娃说她还有许多家人，她想请小朋友帮她编进儿歌里，我们一起来试试。

【活动延伸】

1. 在美工区中可以粘贴一家人（爸爸、妈妈、娃娃、我）。
2. 语言区中用图片讲述儿歌《我有一个幸福的家》。

活动 8　亲密家人大集合（数学）

【活动目标】

1. 知道自己家有几口人，能正确点数 5 以内的数。
2. 在玩亲密一家人的游戏中深入感知 5 以内的数量。
3. 在与朋友的拥抱中感受我们也是一家人的情感。

【活动准备】

1. 经验准备：数数自己家有几口人，能清楚地说出来。
2. 物质准备：一家人的彩图。

【活动过程】

一、感受小朋友的家庭成员，初步感知 5 以内的数量

1. 教师：小朋友，你们家里都有谁啊？请你告诉大家。
2. 幼儿自由表达自己家庭成员的数量。

二、玩游戏"亲密家人大集合"

1. 教师：小朋友们说得可真棒！我们小朋友在一起也是一个大家庭。现在老师就要请小朋友和老师一起来玩一个游戏"亲密家人大集合"。

玩法：请一些小朋友到前面，老师念儿歌，念的时候被请到的小朋友可以随意地来回走动。当老师念到"我家有 3 口"，这些小朋友就要赶紧去找 2

位亲密的伙伴抱在一起，成为亲密家人；如果老师说"我家有 5 口"，幼儿就要快去找 4 位亲密的小朋友抱在一起。抱好后，坐在下面的小朋友帮着一起数玩游戏的孩子是否抱对了人数。（数数时，老师提醒亲密家人要抱好一些，避免外力将家人分开。）

2. 幼儿分组尝试玩游戏。

3. 集体玩游戏"亲密家人大集合"，再次体验亲密家人不分开的深厚情感。

玩法：小朋友的座位作为家的外围，配班教师播放音乐，小朋友随着音乐在家里走动，边走边注意看老师手中的卡片，听老师的口令。当音乐停止，老师举起数字卡片，如果举起数字卡片 2，并念出"两个亲密家人大集合"的口令，小朋友就要赶紧找好朋友组成两个人的家；如果举起卡片 5，老师念出"五个亲密家人大集合"，小朋友就组成一个五个人的家，以此类推。

三、教师小结，结束活动

教师：不管小朋友的家里有三口人，四口人，还是五口人，六口人，我们都是亲亲密密的一家人。今天晚上，小朋友回家时，请你们给家中的每个人一个"爱的拥抱"，好不好？（"让爱住我家"音乐响起）

活动 9 我家有几口（音乐）

【活动目标】

1. 熟悉歌曲旋律，初步学习演唱歌曲，并学习歌词最后一句说、唱的连接。

2. 借助照片理解歌词内容，学习根据自己家人的人数演唱。

3. 体会喜爱家人的情感。

【活动准备】

1. 物质准备：幼儿人手一张全家福的照片、小熊一家的图片：熊宝宝、熊爸爸、熊妈妈、布娃娃。

【活动过程】

一、教师范唱歌曲《我家有几口》，初步理解歌词内容

1. 教师出示小熊一家的图片，引导幼儿观察小熊家有哪些成员，同时启

发幼儿用掰指头的方法进行计数。

教师：我家有几口，看我掰指头，爸爸妈妈还有我，再加一个布娃娃哟！有几口？

2. 教师以"小熊"的口吻演唱歌曲。

3. 教师提问，帮助幼儿回忆歌词内容。

教师：歌里唱了什么？小熊家有几口人？有哪些人？

4. 教师再次示范演唱。

二、学唱歌曲《我家有几口》，学习说、唱结合的演唱形式

1. 以"帮小熊数一数"的情节，引导幼儿完整地跟着学唱歌曲。

2. 针对幼儿的学习难点、重点练习。如：边唱边手口一致地掰手指点数家庭人员等。

3. 教师完整地演唱歌曲，引导幼儿注意倾听歌曲最后一句说唱结合的演唱形式。

教师：歌曲的最后一句跟我们以前唱的歌有什么不一样？

4. 教师指导幼儿学唱最后一句，初步学习说、唱的节奏。教师用体态动作提示说的节奏和时值。

5. 幼儿完整地演唱，教师鼓励幼儿参与演唱最后一句。

三、创编歌曲中的部分歌词

比如说歌曲中"再加一个布娃娃"可以根据幼儿喜欢的内容创编在歌曲中。

活动10　小猪的妈妈不在家（语言）

【活动目标】

1. 帮助幼儿理解故事内容，丰富相应词句："没关系，没关系，我来帮助你"。

2. 通过角色表演的游戏形式，让幼儿进一步感知、理解故事内容。

3. 让幼儿感受父母及他人给予帮助、照顾时所获得的快乐。

【活动准备】

物质准备：PPT《小猪的妈妈不在家》，象、牛、袋鼠图片若干。

【活动过程】

一、谈话导入，引发兴趣

1. 教师：你们爱不爱自己的妈妈？

2. 教师：今天老师带来一个好听的故事，故事里的小猪妈妈也不在家，出远门去了。你们觉得小猪感觉怎么样？

二、观看PPT，理解故事内容

1. 出示邻居小动物的图片，引导幼儿根据特征想象它们的本领。

2. 教师：小猪身上弄脏了，谁能来帮助它？

3. 引导幼儿学说："没关系，没关系，我来帮助你。"

4. 教师：小猪饿了怎么办？谁能来帮助它？小猪困了谁能来帮助它？

5. 教师进一步引导幼儿学说："没关系，没关系，我来帮助你。"

6. 结合音乐扮演大象、袋鼠、牛进行情境表演。

7. 讲述故事第四段内容。

三、完整欣赏故事，进一步巩固故事内容

1. 教师：故事真好听，我们一起来完整地听一遍故事吧！

2. 讨论：为什么小猪还是那么想自己的妈妈呢？

四、结束活动

猪妈妈回家，给小动物分礼物。

活动11　学做小主人（社会）

【活动目标】

1. 学习招待客人，学会用"请""谢谢""不客气"等礼貌用语。

2. 通过情境表演，迁移已有的待客经验。

3. 乐意扮演主人和客人，分别感受当家庭小主人和客人的乐趣。

【活动准备】

1. 经验准备：幼儿有看成人待客的经验。

2. 物质准备：活动室一角布置"小超市"，娃娃家用具四套、山羊手偶一只、自编《小熊家的客人》故事。

【活动过程】

一、幼儿交流自己招待客人的经验

教师：你家里有没有来过客人？你和你的爸爸妈妈是怎么招待客人的？

二、通过故事《小熊家的客人》引导幼儿学习基本礼貌用语

1. 教师：一天，小熊的爸爸妈妈出去了，只留下小熊一个人在家，这时山羊阿姨来做客了，小熊是怎么做的呢？请听故事《小熊家的客人》。

2. 教师讲述故事后，提问：山羊阿姨来了之后，小熊开门说了什么？（集体学说"请坐""请喝水"。）山羊阿姨要走了，小熊说了什么？（集体学说"再见，欢迎下次再来"。）

三、请配班老师扮演山羊阿姨，幼儿集体练习招待客人

1. 教师：想不想把山羊阿姨邀请到我们班来做客？我们也要像小熊一样热情地招待她。除了请山羊阿姨喝水，我们还可以用什么来招待她呢？（请个别幼儿去"小超市"购买。）

2. 教师（打电话）：喂，山羊阿姨吗？我们×班的小朋友想请你来做客，你现在可以来吗？我们等你。

3. 配班教师（戴着山羊手偶做敲门状）：请问是×班吗？我是山羊阿姨。

4. 教师做开门状，引导幼儿集体用简单的礼貌用语招待客人。

四、幼儿分组自由进行情境表演，招待客人

幼儿五人一组，两人扮演客人，三人扮演小主人，礼貌地招待客人。

【活动延伸】

将礼貌招待客人的方法、语言延伸至娃娃家活动中。

全家总动员

活动12 妈妈，我爱你（语言）

【活动目标】

1. 理解图意，感受故事中熊妈妈和熊宝宝之间的母子亲情。

2. 通过观察画面，学习对话感受母子之间的爱。

3. 体验阅读的快乐，增进母子（女）亲情。

【活动准备】

1. 经验准备：能说出妈妈爱自己的事情1~2件。

2. 物质准备：与故事相关的图片。

【活动过程】

一、导入活动，述说和妈妈在一起的感受

1. 教师：你爱妈妈吗？你喜欢和妈妈一起做什么？喜欢对妈妈说什么话？喜欢听妈妈对你说什么话？

2. 幼儿自由表达自己和妈妈之间的情感。

二、观看图片，共同欣赏故事，初步感受熊妈妈和熊宝宝之间的爱

1. 观看图片，教师配乐有感情地讲述故事。

2. 逐图交流故事内容。

第一幅图：图上有谁？熊妈妈和宝宝会互相说什么？

学说对话："妈妈，我爱你""宝宝，我也爱你"。

第二幅图：熊妈妈和宝宝在树上熊妈妈会说什么？宝宝会说什么？

学说对话："宝宝，小心点""妈妈，谢谢你"。

第三幅图：熊妈妈教小熊游泳，小熊说什么？

学说对话："妈妈，谢谢你""宝宝，不用谢"。

第四幅图：晚上，熊宝宝和妈妈要睡觉了。他们会说些什么？

学说对话："妈妈，我爱你，晚安""宝宝，我也爱你，晚安"。

三、教师和幼儿共同讲故事，在讲述故事中进一步感受熊妈妈和熊宝宝之间的爱

师幼一起边看图片边说故事，重点练习故事中的对话。

四、游戏：碰一碰

幼儿两人一组，一人扮演妈妈，一人扮演宝宝，跟着音乐玩游戏，边玩边说：宝宝和妈妈碰一碰，碰哪里？鼻子碰鼻子。宝宝和妈妈碰一碰，碰哪里？肚子碰肚子。教师随意说哪里，妈妈就和孩子边说边碰一碰。

活动 13　让爱住我家（音乐）

【活动目标】

1. 初步感受歌曲柔和、舒缓的旋律以及可爱的童声。

2. 借助生活中的经验以及自身动作、语言、歌唱的参与，体验歌曲和谐、温馨的氛围。

3. 乐于参与到音乐欣赏活动中来，享受家庭成员之间和睦相处的美好情感。

【活动准备】

物质准备：《让爱住我家》MP3、儿歌《我有一个幸福的家》、家庭手偶。

【活动过程】

一、复习朗诵儿歌《我有一个幸福的家》

教师出示家庭手偶：我们都有一个幸福的家，让我们用幸福的语气来念一首儿歌《我有一个幸福的家》。

二、欣赏歌曲，感受家庭的美好

1. 欣赏歌曲第一段，感受歌曲柔和、舒缓的旋律。

教师：听听歌曲里的这个家有谁？他们是幸福的一家吗？

欣赏歌曲第一段。

教师：你听到歌曲里唱了什么？你喜欢这个家吗？家是什么样子的？你有什么感觉？

引导幼儿用动作表现温暖、幸福的样子。

2. 欣赏歌曲童声部分，进一步感受歌曲和谐、温馨的氛围。

教师：你听见谁在唱歌？小姐姐唱了什么？

全家总动员

带领幼儿用缓慢的速度练习演唱"我爱我的家,弟弟爸爸妈妈"两句。

3. 再次欣赏歌曲童声部分,用动作提示幼儿跟唱。

教师:小姐姐说爱是什么?

引导幼儿创编"爱是不吵架,让爱永远住我们的家"的动作,表演、记忆歌词。

4. 完整欣赏,进一步感受家庭成员之间的爱。

教师:听完这首歌曲,你知道这个家一共有哪些人吗?请你仔细听他们对爱的理解和感想。

欣赏教师表演《让爱住我家》,幼儿随音乐演唱表演。

三、自由组合一个小家,在音乐声中感受和家人在一起的美好

自选伙伴,组合成一个小家,跟随音乐自编动作表达对歌曲的感知。

活动14　爱的甜甜话(语言)

【活动目标】

1. 知道多种形式的甜甜话。
2. 运用模仿、迁移的方法,根据不同情境说出合适的甜甜话。
3. 享受聆听甜甜话的快乐。

【活动准备】

物质准备:魔法小精灵(图片1)、小朋友摔跤(图片2)、小朋友生病(图片3)、老奶奶过马路(图片4)、自己喜欢的玩具。

【活动过程】

一、出示(图片1)魔法小精灵引起幼儿兴趣

提问:知道它是谁吗?

教师:它的名字叫魔法小精灵。它可厉害了,它会变出很多很多爱的甜甜话,它会变出什么呀?

我们一起去看看吧!

二、在和魔法小精灵玩的过程中感受爱的甜甜话

1. 出示图片2，教师：你看到了什么？如果是你，你会说什么？看看，魔法小精灵变出了什么爱的甜甜话呢？

2. 出示图片3，教师：小朋友在做什么？这回魔法小精灵又会说什么？这是在哪？如果你是那个生病的小朋友，你会说什么？

3. 出示图片4，教师：小朋友在做什么？她会对老奶奶说什么呢？

4. 教师完整地讲述图片一遍。

三、创设情境，学说甜甜话

教师：如果你是魔法小精灵，你会变出什么爱的甜甜话呢？

1. 小朋友过生日。

2. 小朋友学习很认真。

3. 同伴生病了。

4. 公交车上遇到老人。

四、每个人拿好自己的玩具，对玩具说说甜甜话，请个别幼儿上来说一说甜甜话

★ 生成活动

活动15 我是怎样长大的（社会）

【活动目标】

1. 了解自己的成长过程。

2. 知道自己是爸爸、妈妈辛苦养大的。

3. 增进与爸爸、妈妈间的情感。

【活动准备】

1. 经验准备：知道爸爸妈妈照顾自己很辛苦。

2. 物质准备：情景表演、布娃娃、奶瓶、自制小书《我是这样长大的》。

【活动过程】

一、观看情景表演，了解妈妈是怎样照顾宝宝的

教师扮演娃娃的妈妈，娃娃哭了，妈妈给孩子喂奶、换尿布等，引导幼儿了解宝宝小的时候不会说话，不会走路，只会用哭表达。

二、了解自己的成长过程

1. 教师：你们刚才看见了小宝宝现在还不会自己吃饭、走路、讲话，妈妈要帮小宝宝做许多事。你们小时候也像小宝宝一样，什么也不会，什么也不懂，是谁把你们辛辛苦苦养大的？

2. 看自制小书《我是这样长大的》。

引导幼儿观察自己从小到大的照片，了解自己的成长过程，了解爸爸妈妈在自己成长过程中要做的事。

三、知道要关心爸爸妈妈，对爸爸妈妈说感激的话

1. 幼儿集体讨论：爸爸、妈妈辛辛苦苦把我们养大，我们应该做些什么？
2. 尝试说感激爸爸妈妈的话语。
3. 鼓励幼儿回家对爸爸妈妈说感激的话。

活动16　红花献给好妈妈（社会）

【活动目标】

1. 知道3月8日是全世界劳动妇女共同的节日。
2. 了解妈妈、老师、阿姨们工作的辛苦，激发热爱和尊敬她们的情感。
3. 通过制作小红花，表达对妈妈爱的情感。

【活动准备】

物质准备：红色皱纹纸、双面胶、绿色叶子、歌曲《我的好妈妈》。

【活动过程】

一、猜测3月8日是什么特殊的日子

1. 教师：小朋友，今天老师特别高兴，你们知道今天是什么日子吗？
2. 幼儿猜测。

3. 教师小结：今天是 3 月 8 日，是"三八妇女节"，是女老师、妈妈、阿姨们的节日。

二、为妈妈庆祝节日，表达对她们节日的问候

1. 介绍"我的好妈妈"。

教师：妈妈非常爱你们，你们也要爱妈妈。请小朋友们都来介绍一下自己的妈妈，例如：妈妈叫什么名字？做什么工作？每天在家做什么家务？妈妈辛苦不辛苦？等。

2. 教师总结：妈妈为我们做了这么多事情，我们是不是应该好好谢谢妈妈？我们给妈妈做一朵小红花好不好？

3. 学习制作小红花。

教师：今天是女老师、妈妈、阿姨的节日，我们一起做几朵小红花送给她们，祝她们节日快乐。

教师示范小红花的做法。

4. 将准备好的皱纹纸、绿色叶子、双面胶发给幼儿，指导幼儿动手制作漂亮的小红花。在《我的好妈妈》背景音乐下，幼儿进行制作。

三、送花送祝福

1. 将小红花送给老师，对她们说祝福的话。

2. 鼓励幼儿回家将花送给妈妈、外婆、奶奶等，并送上祝福。

【活动延伸】

引导幼儿知道妈妈每天上班工作，还要照顾我们的生活，所以很辛苦。我们应该关心妈妈，向妈妈表达自己的爱意。放学后将自己制作的小红花送给妈妈，并祝妈妈节日快乐。

车子真能干

 区域活动概述

一、主题背景

马路上来来往往的车子总是吸引着幼儿的目光，这些运动的物体带给幼儿惊奇，引发幼儿遐想。汽车、自行车、电动车、踏板车等与幼儿的生活密切相关，救护车、警车等特种车在幼儿的生活中发挥着特殊的作用，幼儿对此很感兴趣。教师试图通过认车、玩车、开车、坐车、拼车等一系列活动，帮助幼儿加深对于车子的认识，帮助幼儿了解一些简单的交通规则。如：行车时要注意安全，看清楚红、绿灯再走，停车时要停在写有停车标志的停车场，不可以乱停乱放。让幼儿了解车子"饿了"要"加油"，车子脏了要"美容"等道理，并了解掌握基本的乘车规范，知道如何做文明小乘客等等，从而帮助幼儿形成系统的车子方面的知识及乘车的文明礼仪。

二、主题背景下区域活动的产生与发展

主题活动"车子真能干"的核心概念有两个：各种各样的车和交通规则我知道。

1. 主题活动开展的第一阶段——"各种各样的车"。

主要认识与了解常见汽车：小轿车、自行车、电动车、公交车等车辆，知道它们的名称和用途。

根据第一阶段的核心概念开展了集体活动"我家的车"，在假期中教师请家长帮助幼儿将自己家中的车进行拍照并制作成《我家的爱车》小书，集

体活动中，幼儿们互相交流了自己家车的名称和功能。随后教师将这些小书投放到"宝贝书屋"的区域中，供幼儿在进区活动中进一步翻看、了解与交流。幼儿在集体活动"我家的车""马路上的车"等活动中对一些常见车、特殊车功能有了初步的了解，教师及时在"宝贝书屋"中增添了有关车子种类的书籍，幼儿通过自主阅读新提供的图书进一步拓展对车的认识。

教师在"汽车俱乐部"的区域活动里提供了游乐项目：创意拼车、特种车拼图、人车匹配等，幼儿在拼拼玩玩的活动中可以加深对车子种类的了解，掌握汽车的基本结构。在"人车匹配"活动中，幼儿根据车的特征与驾车人进行匹配，进一步加深并拓展了对车与人关系的认知。

在"汽车展览中心"的区域教师为幼儿提供了适合的建构材料、各种汽车模型及汽车的建构图片，让幼儿在这种自然的、宽松的、"隐形教育"的环境中大胆、自主地建构汽车。在"汽车展览中心"，幼儿扮演汽车设计师，借助教师提供的汽车图片、幼儿汽车收集的汽车模型以及自己的已有经验进行创意搭建汽车。

"汽车纪念品商店"是以美工为主的区域活动，该区域有两个角色，一个是商店的管理员，负责分类整理汽车，检验设计师送来的汽车。另一个角色是设计部中的汽车设计师，在活动中给汽车涂色并装饰：用大小、形状不一的纸盒、塑料瓶盖等废旧材料制作汽车。汽车设计师将制作好的汽车送到商店，经管理员的审核并卖出的车可以得到相应的鼓励。在这种具有情境化的活动中，活动开展时间更加持久，幼儿对活动的持久度增加了，也更加热衷于汽车的制作。

通过集体活动对车了解，娃娃家的"爸爸"常常模仿成人开车时的模样，带着"妈妈"在活动室里转悠。根据娃娃家情节发展的需要，我们在娃娃家中提供了小汽车，一方面可以加深幼儿对车子的认知，另一方面可以促进娃娃家情节的发展，幼儿在游戏活动时可以根据出行的需求选择小汽车或推车，在活动中幼儿可以开车或推车带宝宝去参观建筑师建筑的楼房以及汽车纪念品商店，体验和感受汽车给人们生活带来的便利。

2. "车子真能干"主题活动进展到第二阶段——"交通规则我知道"。

主要是了解一些基本的交通安全知识及乘车安全。

在宝贝书屋的区域活动中教师增加了有关交通安全的书籍，幼儿可以通过阅读加深对交通规则的理解，知道交通规则的重要性。

教师在"汽车俱乐部"区域里增加了游乐项目"汽车找家""汽车接龙""小火车开来了"等操作材料。在动手动脑的操作过程中进一步感知不同车的功能，将认知车与"一一对应""有序排列"等数学活动有机结合。

围绕第二阶段的核心经验在"汽车展览中心"增设了"马路"的搭建场景，提供了集体活动"认标志讲安全"中认识的常见交通标志：红绿灯、斑马线、停车场标志、禁止停车标志等。鼓励幼儿在仿真的情境下搭建各种车，不仅增加了搭建的趣味性，也加深了对交通标志主动的认知。

在"汽车纪念品商店"的活动中教师增设了具有情境化的马路展示墙，模拟了真实的马路。汽车设计师们给汽车"美容"后便可以展示的自己作品，在此过程中也是对行车安全知识的巩固。

娃娃家的"爸爸""妈妈"自从有了小汽车和小推车后，无论去哪里游玩都是开车或推车出门，在活动中常常发生人车相撞和车车相撞的现象。于是，教师模拟马路的真实场景在活动室里增设了"红绿灯"和"斑马线"。幼儿在活动中不仅能够体验和家人一起开车外出游玩的快乐，还可以在游戏中了解一些乘车驾车的基本常识、学会遵守交通规则，更多地满足幼儿开车的愿望，体验当小司机的乐趣。在游戏中幼儿自发地生成了给汽车加油的情节，教师抓住了这一教育契机，随机开展了活动"加油站"。初步帮助幼儿了解"加油站"的作用，懂得如何用"加油机"为汽车加油。此外，教师充分调动了家长资源，周末时请家长带幼儿参观加油站，通过该活动，幼儿的游戏经验丰富了，对于加油时常常出现两车相碰的现象，教师及时添加了汽车的进出口标记，使得游戏情节得到了更好的发展。

课程目标网络图

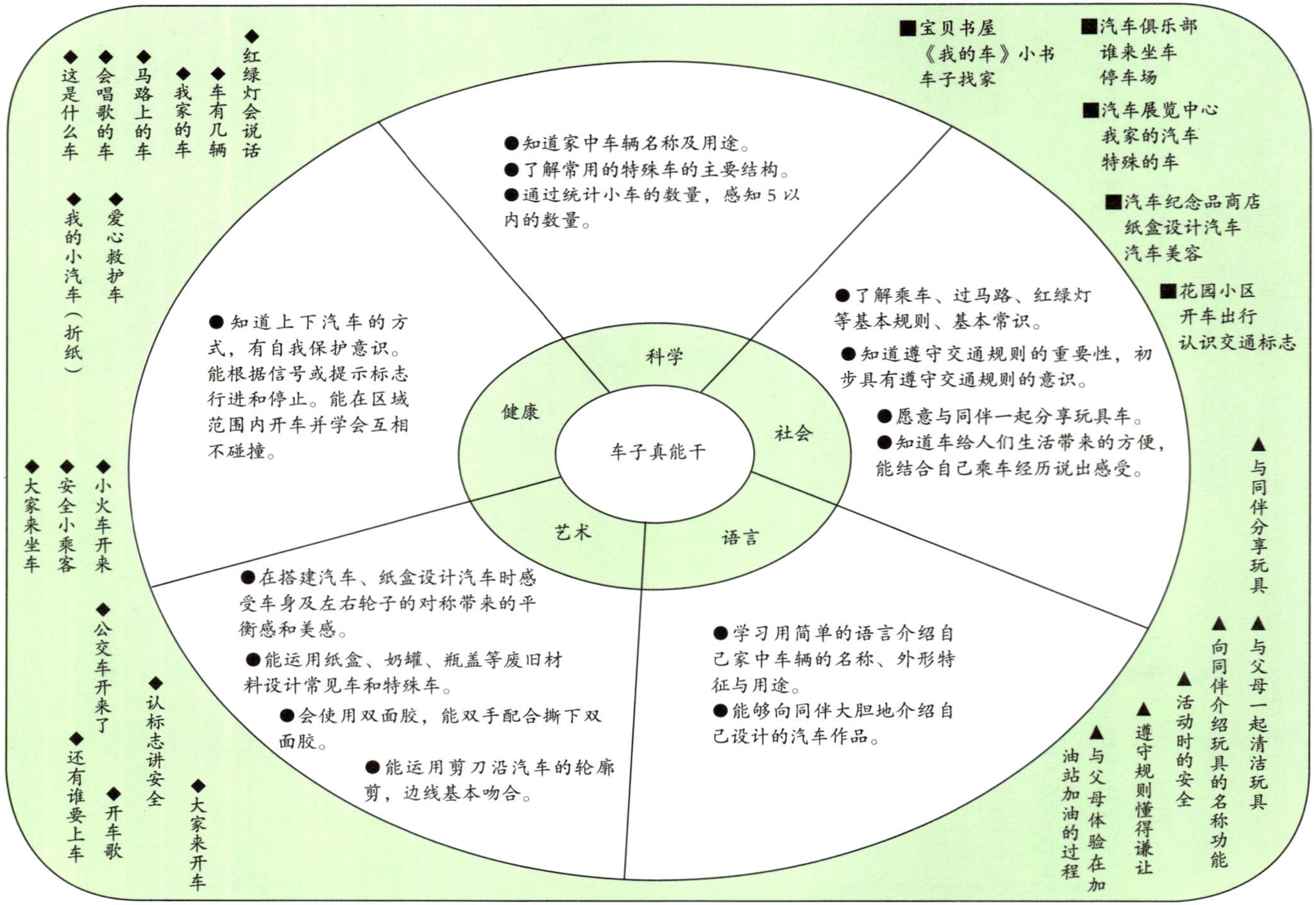

车子真能干

科学
- 知道家中车辆名称及用途。
- 了解常用的特殊车的主要结构。
- 通过统计小车的数量，感受 5 以内的数量。

社会
- 了解乘车、过马路、红绿灯等基本规则。
- 知道遵守交通规则的重要性，初步具有遵守交通规则的意识。
- 感受与同伴一起分享玩具车。
- 知道给自己生活带来的方便，能结合自己乘车的经历说出感受。

语言
- 学习用简单的语言介绍自己家中车辆的名称、外形特征与用途。
- 能够向同伴大胆地介绍自己设计的汽车作品。

艺术
- 在搭建汽车、纸盒设计汽车时感受车身及左右轮子的对称带来的平衡感和美感。
- 能运用纸盒、切糕、瓶盖等废旧材料设计常见车和特殊车。
- 会使用双面胶，能双手配合撕下双面胶。
- 能运用剪刀沿汽车轮廓剪，边沿线基本吻合。

健康
- 知道上下汽车的方式，有自我保护意识。
- 能根据信号或提示标志行进和停止，能在区域范围内开车并学会互相不碰撞。

◆ 红绿灯
◆ 车有几辆
◆ 我家的车
◆ 这是什么车
◆ 马路上的车
◆ 会唱歌的车
◆ 我的小汽车（折纸）
◆ 爱护车

◆ 小火车开来了
◆ 公交车开来了
◆ 安全小乘客
◆ 认标志
◆ 安全开车
◆ 大家来开车
◆ 大家来坐车
◆ 还有谁要上车

■ 宝贝书屋《我的车》小书 车子我家
■ 汽车俱乐部 谁来坐车 停车场
■ 汽车展览中心 我家的汽车 特殊的车
■ 汽车纪念品商店 纸盒设计汽车 汽车美容
■ 花园小区 开车出行 认识交通标志

▲ 与同伴分享玩具车
▲ 向父母一起介绍玩具的名称和功能
▲ 向同伴介绍玩具车
▲ 活动时的安全
▲ 遵守规则 懂得谦让
▲ 与父母体验加油站加油的过程

注：● 表示目标及经验　◆ 表示集体活动　▲ 表示生成活动　■ 表示区域活动

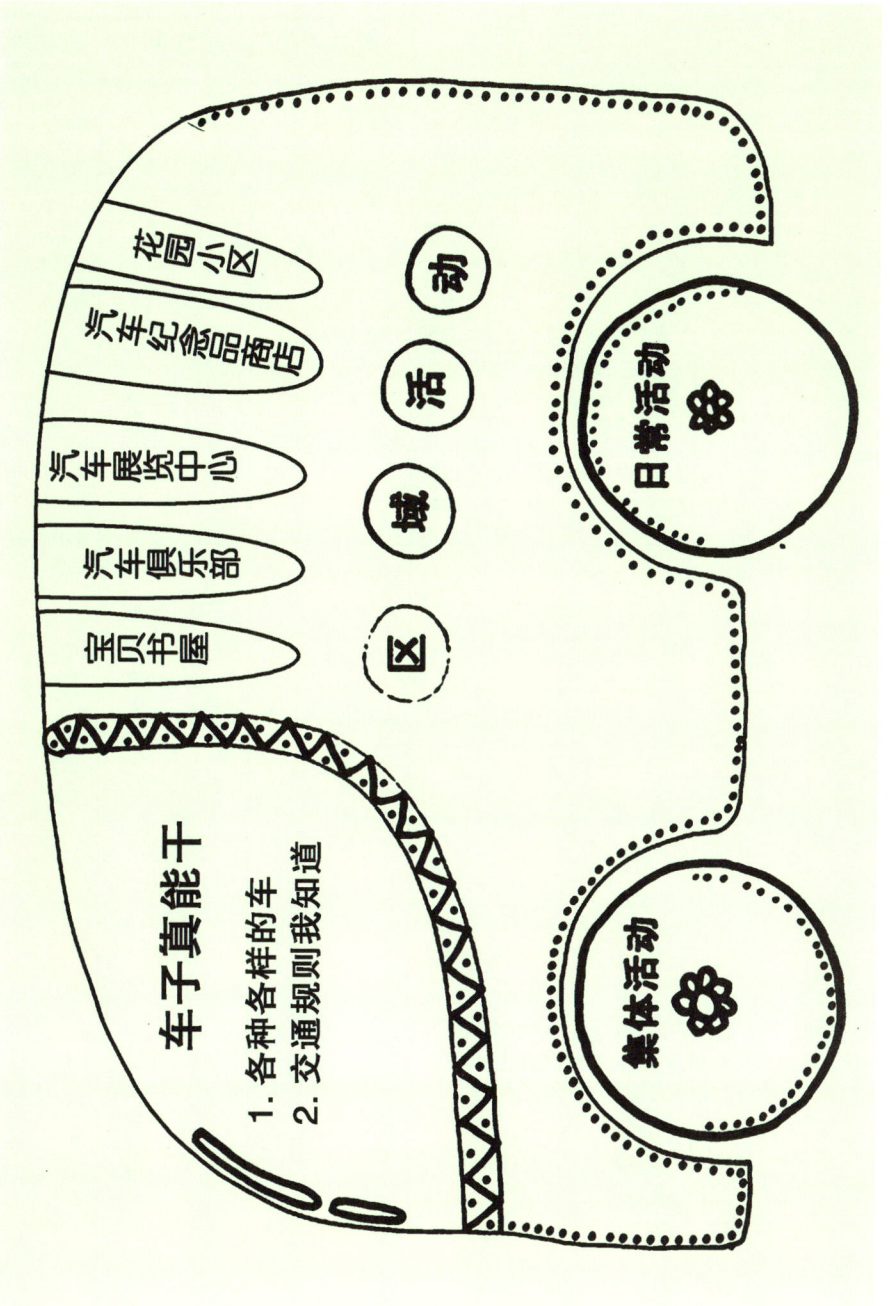

"车子真能干"主题活动一览表

活动进展	核心概念	目标及经验	活动方式		
			集体活动	区域活动	日常活动
第一阶段	各种各样的车 （认识与了解常见汽车）	1.认识常见车辆：小轿车、自行车、电动车、公交车等，知道它们的名称和用途。知道车可以给人们的生活带来方便，能结合乘车经历说说自己的感受 2.认识警车、救护车、消防车等特殊用途的车辆。知道它们的用途，能辨别它们的声音 3.愿意与同伴分享自己带来的模型车，在交流分享的过程中大胆介绍 4.学习完整清楚地念儿歌，并能用声音表现不同的车 5.尝试根据车子的数量进行统计活动 6.能根据车子的功能和特征进行匹配活动 7.尝试利用纸盒、瓶盖等废旧材料制作车，体验创作的快乐 8.倾听音乐，感受音乐欢快的节奏，享受扮演司机开车的乐趣 9.学习听信号或看提示标志行进和停止，练习一个跟一个走和跑	1.社会： 我家的车 2.数学： 车有几辆 3.语言： 马路上的车 4.美术： 我的小汽车（折纸） 5.社会： 会唱歌的车（认识特种车） 6.音乐： 这是什么车 7.健康： 爱心救护车 8.数学： 小火车开来了	区域一：宝贝书屋 1.阅读有关汽车种类的书籍 2.自制小书《我家的车》 区域二：汽车俱乐部 1.创意拼汽车 2.特种车拼图 3.人车匹配 区域三：汽车展览中心 1.搭建小轿车、自行车、电动车、公交车等常用车 区域四：汽车纪念品商店 1.汽车分类 2.汽车美容 3.可爱小汽车（折纸添画） 4.设计车 区域五：花园小区 1.出行 2.停车	1.愿意将自己带来的玩具车与小朋友分享 2.愿意向小朋友了解自己不熟悉的车名、功能等 3.引导幼儿倾听生活中的警车、救护车、消防车的声音并正确分辨

续表

活动进展	核心概念	目标及经验	活动方式		
			集体活动	区域活动	日常活动
第二阶段	交通规则我知道（了解交通安全知识，遵守交通规则）	1.了解乘坐自行车、小汽车、公共汽车过程中的一些基本常识，在乘坐的过程中知道如何进行自我保护 2.认识马路上的交通信号灯，知道遵守交通规则，并愿意与同伴交流 3.了解司机开车要遵守交通规则，并在游戏活动中尝试扮演小司机，学做文明的"小司机" 4.了解加油站的作用、加油员的工作，并体验加油站的工作。知道加油站有"进口"和"出口"，娃娃家的"爸爸妈妈"给汽车加油时能有序地进出、排队加油 5.尝试看交通信号灯或交通标志学做小司机，练习快速跑，具有遵守交通规则的意识	9.健康：安全小乘客 10.数学：大家来坐车 11.美术：公交车开来了 12.社会：红绿灯会说话 13.社会：认标志讲安全（红绿灯、黄线） 14.语言：还有谁要上车 15.音乐：开车歌 16.健康：大家来开车	区域一：宝贝书屋 1.阅读有关交通规则的书籍 2.仿编儿歌《马路上的车》 区域二：汽车俱乐部 1.汽车找家 2.汽车接龙 3.小火车开来了 区域三：汽车展览中心 1.搭建消防车 2.搭建马路 区域四：汽车纪念品商店 1.汽车展板 2.设计特种车（警车、救护车） 区域五：花园小区 1.过马路 2.认识常见的交通标志 3.汽车加油站	1.在与同伴的共同活动中及社会生活中愿意遵守规则，走路时懂得避让，在人多的地方不奔跑 2.在上下楼梯、玩羊角球、跑步时等会保持安全距离

区域的实施

区域一：宝贝书屋

一、区域来源

"宝贝书屋"自创设以来，一直深受幼儿的喜欢，在这里他们可以安静地阅读图书，这不仅激发了幼儿的阅读兴趣，而且还培养了幼儿良好的阅读习惯。随着主题活动"车子真能干"的开展，幼儿从家中带了许多关于汽车以及交通安全的图书，为了拓展幼儿对汽车的认识以及培养幼儿自主阅读的能力，继续保留了"宝贝书屋"这一区域。

二、情境创设

教师沿用了上一主题"宝贝书屋"的环境创设，将幼儿带来的有关汽车的各种图书以及教师收集的有关汽车的有声挂图和音乐书分别摆放在书架上，以满足幼儿对各种汽车认知的需求。

三、区域材料

	活动目标	项目、材料与分析	材料照片	玩法提示
第一阶段	1. 喜欢阅读各种关于汽车的图书，并愿意与同伴交流分享自己对车的认识 2. 进一步了解自己家中的各种车，了解其主要结构以及功能 3. 熟悉几种特殊车的外形和用途特征，知道特殊车在人们生活中的特殊作用	1. 阅读书籍 ● 材料：《这是什么车呢》《交通奏鸣曲》《我的汽车城》等书籍 ● 分析：这些书籍都是介绍常见车、特殊车的结构、功能与用途。幼儿在"我家的车"、语言儿歌"马路上的车"等活动中对一些常见车、特殊车功能有了初步的了解。在此基础上，幼儿通过自主阅读这些图书进一步拓展对车的认识 2. 我家的爱车 ● 材料：自制《我家的爱车》小书 ● 分析：请家长与幼儿一起将自己家的各种车辆拍下照片并制成以"我家的爱车"为主题的小书，让幼儿随时可以翻阅。同时幼儿可以向同伴介绍自己家中的各种车辆名称、功能。家中的各种车辆都是幼儿经常接触的并且对其功能是比较熟悉的。在生活经验的基础之上，幼儿愿意与同伴分享自己对家中车辆的认知，在分享中锻炼并提高幼儿语言表达与交流能力		1. 进入该区域知道先挂好挂牌，然后脱鞋子放在鞋影子上，进入"宝贝书屋"自由去书架上拿取书籍，自由翻阅，看完后及时放回原处 2. 翻阅《我家的爱车》小书时，幼儿可以根据组别找到自己的小书，边翻看边向同伴介绍自己家的车辆，也可以选择其他同伴的小书自由翻阅

续表

活动目标	项目、材料与分析	材料照片	玩法提示
第二阶段 1. 阅读有关交通安全的书籍，了解交通规则，提高自我保护的能力 2. 愿意与同伴一起阅读有关交通安全的书，并能向同伴分享自己对书籍的理解 3. 能根据音乐书、磁铁书仿编儿歌	1. 阅读书籍 ● 材料：《辘轳辘轳转》《生活常识》等书籍 ● 分析：这些书籍分别介绍了乘车、过马路、红绿灯、安全标志等安全常识。幼儿通过阅读，加深对交通规则的理解，知道遵守交通规则的重要性。在这基础上幼儿会更乐于与同伴探讨交流有关交通规则的经验 2. 仿编儿歌《马路上的车》 ● 材料：《神奇磁铁游戏》 ● 分析：这本书展开后就是一个微小的城市画面，上面有学校、公安局、垃圾场、公园、马路等，同时还带有各种各样的磁铁车，幼儿可以自主操作磁铁车在马路上穿行。根据集体活动儿歌《马路上的车》，幼儿对磁铁书中出现的其他车进行仿编，在谈谈读读的过程中拓展对特种车声音的辨别及对其用途的认识		选择磁铁书中的一辆车，然后根据儿歌《马路上的车》进行仿编，仿编的同时让这辆车在磁铁书上的马路行驶

四、融合途径

1. 活动途径的融合

集体活动	区域活动	日常活动
社会活动： 我家的车	阅读《我家的爱车》小书	在来园、离园、自由活动等环节愿意向同伴介绍自己家中的各种车辆及其用途
数学活动： 车有几辆	人车匹配 （由集体活动拓展）	数一数家中有几辆车
语言活动： 马路上的车	仿编儿歌《马路上的车》	在日常生活中能仔细观察和倾听各种常见车及它们发出的声音

2. 学习目标的融合

（1）语言领域的融合

能用简单的语言讲述自己家中车辆的名称、外形特征与用途。

（2）社会领域的融合

了解乘车、过马路、红绿灯、安全标志等一些基本规则、基本常识。

知道遵守交通安全的重要性，初步具有遵守交通规则的意识。

3. 游戏情节的发展

"宝贝书屋"与娃娃家：娃娃家的"爸爸妈妈"可以到"宝贝书屋"借书看书。

五、案例点击

[案例1]　　　　　　　　发出噪音的有声挂图

● 这里发生了什么

"车子真能干"主题活动开始了，我们不但收集了各种各样有关车的书籍，还在墙面上悬挂了一张挂图，这是一张会说话的挂图，一摁按钮就有声音出现，幼儿根据问题找到相应的车。在活动中有些幼儿不能按照有声挂图发出的指令进行正确的操作，还有部分幼儿在有声挂图测试环节中，乱摁一通，有声挂图时不时发出噪音。

● 我们的思考

从材料的角度看，有声挂图有其特殊的优点，例如发音标准、兼备音乐、教学以及测试多项功能，声图并茂，寓教于乐，可以提高幼儿的学习兴趣，增强他们的动手能力。在"宝贝书屋"中，这张有声挂图深得幼儿的喜爱。此挂图中主要是各种类型的车、船、飞机还有红绿灯。有一些是幼儿经常接触并熟悉的，因此在测试的时候，他们都可以正确操作。但是还有一部分的车子、轮船、飞机都超出了幼儿的经验，他们按错了是可以理解的，我们也要给幼儿一定的时间来学习这些新的交通工具材料。

从幼儿的角度来看，他们之所以按错了，一方面是因为他们并没有理解有声挂图的测试规则，另一方面是因为他们很喜欢有声挂图按下按钮后发出声音的过程，这也是和他们正处于动作思维阶段有关，他们的兴趣只停留在用手操作的过程。

●接下来我们要做什么

教师的信息支架——了解常见交通工具及有声挂图的玩法

教师介绍幼儿生活中的其他一些常见交通工具（例如飞机、轮船、火车等）。此外，介绍有声挂图的玩法：有声挂图读出一个交通工具的名称，幼儿就按下这个交通工具的按钮，有声挂图会给出两种回答：一种是"答对了"，另一种是"答错了"，如果"答错了"，还要继续寻找出正确答案。

教师的策略支架——集体讨论示范有声挂图的操作方法

通过开展谈话活动，教师带领幼儿分阶段认识有声挂图上面的各种交通工具，丰富幼儿的经验。同时让幼儿说说自己是怎么操作有声挂图的，再请部分幼儿模拟操作有声挂图，让他们说一说在操作时要注意哪些地方。此外，幼儿在操作有声挂图时，教师要引导幼儿仔细观察思考，再给出答案。教师也要给幼儿"失误"的机会，让他们在多次的操作中逐渐习得相关交通工具的经验。

[案例 2]　　　　　　　换来换去的书

● **这里发生了什么**

部分幼儿在"宝贝书屋"阅读时,看一本书的时间很短,看一会儿就去换,换书的频率很高。当教师询问幼儿"这本书讲了什么?",大多数幼儿会说"不知道"。

● **我们的思考**

幼儿阅读一本书的时间比较短,往往粗粗地翻阅一遍就算看书结束了,就想换另一本书。这一方面是因为有的幼儿对该类的图书已经很熟悉所以并不太感兴趣;另一方面,图书的投放不符合幼儿的年龄特点,不适应幼儿的需要。有些图书对于他们来说太简单了,例如《神奇的交通工具》适合1~3岁的孩子,而有些图书对于幼儿来说太深奥了,例如《赛车总动员》。

此外,由于有些幼儿的识字量比较大,基本上一本书都能一字不漏地读下来,因此看书的时候,他们只是将书本上的字念一遍,很少会去看图画,想象力相对来说可能受到了制约,同时也不能很好地接收图画书带来的信息。

● **接下来我们要做什么**

教师的信息支架——制订"宝贝书屋"的读书规则

引导幼儿回忆在"宝贝书屋"中要遵守哪些规则,让幼儿知道看书时要一页一页地翻书;要看完一本再拿另一本;不与别人争抢图书;看完后不随

意乱丢图书,要爱护图书;看书时不能大声讲话等。

教师的策略支架——与幼儿集体讨论读书规则,更换部分图书

通过开展谈话活动,让幼儿说一说在"宝贝书屋"中要注意什么。能明白哪些是可以做的,哪些事情是不可以做的,以此培养幼儿良好的阅读习惯。

更换部分图书,将不适合幼儿年龄特点的图书换掉,同时增加满足幼儿阅读兴趣的图书,例如《我的汽车城》等。此外有些书籍要让幼儿带着任务去阅读,读完后让幼儿互相交流,体验分享的快乐。

[案例 3]　　　　你问我答来认车

● 这里发生了什么

睿睿和啸成两人在"宝贝书屋"里看书,起初两人都很安静,各自选择了一本书在翻看。

不一会儿,啸成将手中的书放回书架上,选择了一本《交通奏鸣曲》。打开书,先翻了翻,然后开始摁书右边的摁钮,"嘀嘀"、"突突突"、"5——3——5——3"各种声音传了过来。

睿睿立即放下自己的书,将头凑过来:"给我看看吧。""不行,是我先拿到的,"啸成坚决地拒绝了。"我就看一下,"睿睿请求道。"我还没看好呢。"这时睿睿不再理会啸成,直接动手去摁按钮,啸成则不断地躲,睿睿又伸手去抢,边抢边说:"老师说的,要分享。"啸成则理直气壮地说道:"是我先拿到的。"

我见状,走过去:"这本书你们都想看,我有一个好办法,让你们一起看,让每个人都能摁到。"两人立即停止了争执,小眼睛巴巴地等着我的答案。我微笑着说:"啸成,你先摁,让睿睿猜是什么车。然后睿睿摁,让啸成猜。"

两人同意了,啸成先摁了一个摁钮,书发出了"5——3——5——3"的声音,"睿睿你猜这是什么车?"啸成问道。"嗯,是救火车。""不对,5——3——5——3是洒水车,儿歌里说的。""哦,是洒水车呀,让我再听一下。"睿睿认真地说道。

接下来，轮到睿睿提问，两个孩子玩得开心极了。

● 我们的思考

《交通奏鸣曲》这本书是依据我班正在进行的主题活动"车子真能干"第一阶段的核心经验——"认识各种各样的车"而有目的地提供的，旨在让幼儿从看、听等多维度主动地去感知了解各种各样的车。

《交通奏鸣曲》是一本有声读本，里面有听音辨车的功能，自然吸引幼儿的注意和操作兴趣。上述片段中的两个幼儿都想阅读这本有趣的书，这和书本身的趣味性密不可分。此外，由于年龄特点的限制，小班的幼儿对分享有一定的难度，教师提出的方法既满足了孩子都想活动的愿望，又促进幼儿初步学习了与同伴共同活动的方法。

● 接下来我们要做什么

教师的策略支架——推广合作看书的新方法

教师在游戏的评价环节，请睿睿和啸成向全班小朋友介绍阅读《交通奏鸣曲》的新方法，并让幼儿了解遇到此类问题可以用相同的方法解决，提高幼儿解决问题的效率。

[案例4]　　　　　　　　马路上的标志我来认

● 这里发生了什么

灿灿和雯雯正在"宝贝书屋"里看书，他们兴致勃勃地翻阅了书架上《交通奏鸣曲》《我的汽车城》等读本。我指着一本蓝色封面自制的小书提醒他们看，两人拿起书，灿灿翻开第一页，开心地说道："这是我妈妈画的，我知道，这是红绿灯的标志，这是开车时头、手不能伸出窗户的标志，这是系好安全带的标志……"灿灿一口气将第一页上的所有标志清楚正确地说了一遍。

听了灿灿的介绍，雯雯说："我也画了，我来找找。"她一页一页向后翻去，终于找到了，她兴奋地对灿灿说："这是人行道的标志，我们过马路就要走人行道才安全。"

雯雯介绍完自己的插页，灿灿说："我们再看看吧。"说着，两人又将书从头开始翻看，边看边说，遇到不认识的交通标志，立即跑来询问我。

● 我们的思考

我们近期开展了集体社会活动"认标志讲安全"。在活动开展前，我们请家长和幼儿一起对开车、过马路等情境中应注意的标志进行了收集，并用绘画的方式进行了记录。在集体教学活动中幼儿对自己收集的资料进行了交流，由于集体活动的时间有限，幼儿不能一一详尽地介绍和认识各种标志信息，我们在集体活动结束后，立即将全班小朋友的调查表进行汇总，装订成一本小书，投放在"宝贝书屋"，供幼儿随时翻阅、继续学习。

今天的活动中，灿灿和雯雯对自己收集来的信息都有正确的认识，说明在收集资料的过程中已经进行了初步的学习，所以在翻看书的过程中能准确地描述。

这本书的出现，不仅能够帮助幼儿将自己已知的信息与同伴交流学习，同时也能从同伴收集的信息中了解自己不知道的信息，有效地拓展安全标志的认知。

● 接下来我们要做什么

教师的策略支架——将标志投放在各个区域中，让经验得到辐射

教师可以将标志投放在不同的区域活动中，让经验辐射到各个区域，幼儿可以在不同的活动中进一步加深对交通标志的认知。教师在娃娃家提供了《认标志讲安全》的书籍，娃娃家的"爸爸妈妈"可以给宝宝介绍标志。在班级的教室中间放置红绿灯，在活动室中贴有人行道、行车线等标志，幼儿在"开车出行"时能进一步认知。

教师为娃娃家的爸爸妈妈在"汽车展览中心"提供木质的交通标志，幼儿在搭建完汽车后模拟马路的场景。

区域二：汽车俱乐部

一、区域来源

"汽车俱乐部"源于"全家总动员"的"贝贝休闲屋"，随着主题活动"车子真能干"的展开，教师将汽车拼图、汽车接龙等有关益智和隐含数学活动目标的操作材料放置其中，引导幼儿在此区域中继续认识各种车、感知数量、练习排序、了解交通标志等。所以"汽车俱乐部"即是幼儿休闲游玩的场所，又是幼儿探究学习有关汽车知识的场所。

二、情境创设

背景墙上面是幼儿收集的调查表"我知道的车"，下面是宽阔的路面，再现了马路的情境。左边的玩具柜里整齐摆放各种汽车操作材料，让幼儿来到该区就置身于汽车的世界，他们抬头就能看得见，抬手就能触摸到车，让他们的各种感官充分调动起来，多方位去感知车。

三、区域材料

	活动目标	项目、材料与分析	材料照片	玩法提示
第一阶段	1. 观察汽车、卡车等的外形特点，大胆使用福禄贝尔拼图来表现汽车的外形特征 2. 尝试玩9块拼图，能从车的部分猜测整体，并能说出拼出的车子的名称 3. 能根据车子的特征匹配驾驶车的人	1. 小游客 ●材料：小游客挂牌6个 ●分析：随着主题活动"车子真能干"开展，"贝贝休闲屋"更名"为汽车俱乐部"。幼儿置身于汽车的世界。为了让幼儿能够主动参与游戏，教师给幼儿赋予了"小游客"的角色身份，有了角色情境让幼儿玩得更开心 2. 创意拼汽车 ●材料：福禄贝尔拼图一盒、拼好的汽车范例照片、玩具汽车若干 ●分析： （1）福禄贝尔拼图一直是幼儿感兴趣的材料。幼儿可以尽情地发挥自己的想象力。结合主题活动"车子真能干"的内容，为了便于幼儿表现不同的车，教师增添了不同长度的小棒以及圆形、半圆形材料，方便幼儿表现汽车的外形特征 （2）教师在窗户上贴有范例，范例既成为环境的一部分，又作为隐形的老师，便于幼儿观察与学习 （3）教师还提供了玩具汽车模型，车模可以给幼儿一个直观的感知，激发幼儿创造的灵感 3. 特种车拼图 ●材料：警车、火车、救护车、挖土车、消防车拼图 ●分析：拼图是幼儿再熟悉不过的玩具了，上学期幼儿尝试拼4块的拼图。随着幼儿能力的提高，4块的拼图已不能满足幼儿的学习需求。于是在认识了警车、火车、救护车、挖土车、小轿车、消防车后，教师提供了9块的拼图，供幼儿操作，让幼儿在拼图活动中巩固认识各种车		1. 拼图、福禄贝尔等操作材料完成后将成品挂放或摆放进行展示 2. 在"娃娃家""宝贝书屋"等区域活动的幼儿在完成自己的任务后可以进入"汽车俱乐部"。进入时首先观看是否有空余挂牌（挂牌控制人数），有就可以进入，自由选择材料参与活动

续表

	活动目标	项目、材料与分析	材料照片	玩法提示
第一阶段	4. 在活动中乐意与同伴一起玩，分享自己的操作经验	**4. 人车匹配** ●材料：婴儿车、儿童自行车、成人自行车、校车、公交车图片，爷爷奶奶、叔叔阿姨、小朋友、婴儿图片若干 ●分析：在第一阶段活动中，幼儿通过语言活动儿歌《马路上的车》初步认识了各种各样的车。为了巩固幼儿的认知，教师提供各种车的图片，让幼儿去判断适合的人群并进行匹配，匹配完成后点数相同车的数量，巧妙地将数学感知5以内数量融入活动中		
第二阶段	1. 能够根据各种车子的用途和特征将它送回自己的家 2. 能够根据颜色和图案一一对应找出相同的车进行接龙活动 3. 在小火车的活动中继续学习根据颜色特征或图形特征有规律地排火车小车厢 4. 继续认识各类车，知道交通标志在生活中的用途	**1. 汽车找家** ●材料：马路底板、小轿车、消防车、警车等 ●分析：在上一阶段活动中，幼儿对小轿车、消防车、警车、挖土车等有了初步的认识。通过帮汽车找家的活动，增加了材料的游戏性，让幼儿深入感知不同的车不同的功能 **2. 汽车接龙** ●材料：汽车接龙材料一套、有汽车形状凹槽的底板一块 ●分析：车子接龙的游戏可以帮助幼儿认识各类交通工具。为了激发幼儿的好奇心，教师提供了有汽车形状凹槽的底板一块，幼儿将接龙材料拼在凹槽中，拼完后能够得到一个汽车的造型，这样拼图的过程让此材料变得更加有趣 **3. 小火车开来了** ●材料：小火车车头4个、彩色卡纸剪成的黄绿桔等颜色的正方形若干，并贴上不同的图案 ●分析：在上一主题活动"全家总动员"中，教师利用贴瓷砖的活动让幼儿初步学习了按一定的规律进行排序。让幼儿初步感知有规律的事物。进而，为了让幼儿灵活运用已有经验，教师将排序这一方式延伸到给小火车排车厢中，让幼儿在活动中再次感受有规律排序的广泛性，增强孩子迁移经验的能力		1. 根据不同车子的用途将不同的车子送到各自的家 2. 交通工具接龙可以两个人一起玩，一人接一次 3. 完成2~3样材料，可以去娃娃家做客，可以去"汽车展览中心"参观

四、融合途径

1. 活动途径的融合

集体活动	区域活动	日常活动
社会活动： 会唱歌的车	特种车拼图 （集体活动延伸）	在家中能和爸爸妈妈一起玩拼图的游戏
语言活动： 马路上的车	创意拼汽车 （集体活动延伸）	平时和爸爸妈妈一起说说马路上认识的车
数学活动： 小火车开来了	小火车开来了 （集体活动延伸）	在生活中能够发现有规律的事物
语言活动： 还有谁要上车	人车匹配 （集体活动延伸）	在生活中知道适合自己乘坐的车子

2. 学习目标的融合

（1）语言领域的融合

◆ 能够大胆清楚地介绍自己认识的车给爸爸妈妈和同伴听。

（2）社会领域的融合

◆ 喜欢和小朋友一起玩车的各种玩具。

◆ 能根据自己的兴趣选择汽车接龙、小火车等操作材料，并能为自己的活动成果感到高兴。

◆ 在提醒下能遵守过马路看红绿灯的公共规则。

（3）数学领域的融合

◆ 通过统计自己家的车，感知5以内数量。

◆ 在小火车接龙游戏中尝试进行简单的排列练习，感受一定的规律。

3. 游戏情节的融合

◆ "汽车俱乐部"与娃娃家：去娃娃家做客。

◆ "汽车俱乐部"与其他区域：其他区域的幼儿可以来"汽车俱乐部"休闲。

五、案例点击

[案例1]　　　　　　缺乏挑战的"人车匹配"

● 这里发生了什么

"人车匹配"游戏材料中，幼儿在进行车与使用人的匹配时，基本上都能很快地完成。操作完成后，就不知道该做什么了。幼儿对这个活动很快失去了兴趣。

● 我们的思考

结合"车子真能干"主题的集体教学活动"马路上的车"，让幼儿对婴儿车、儿童自行车、成人自行车、校车、公交车有进一步的认识，对车的用途有更深刻的了解，我们设计了让幼儿通过车子的用途判断适合什么人群进行驾驶，进而让幼儿进行统计，这样可以锻炼幼儿的思维和判断能力，然而经过实际操作活动后，发现幼儿都能很快进行匹配，这说明我们对幼儿的发展水平没有充分了解。

●接下来我们要做什么

　　教师的策略支架——更换富有情境的图片进行匹配

　　提供各种需要用车的情境图片,让幼儿通过事情的发生判断需要什么用途的车。并且以迷宫的形式让幼儿去进行匹配。这样不仅增加了难度,并且赋予活动游戏情节,激发幼儿探索的兴趣。

[案例2]　　　　　　　　　　　找不到家的车子

●这里发生了什么

　　在进行"汽车找家"活动中,幼儿能够巧妙地在马路底板上进行游戏,这一点丝毫没有难度,但是幼儿匹配的内容出入很大。除了消防车和警车这些可以通过特殊标志辨别的车能够送对家以外,其他的车都会随意地匹配。

●我们的思考

　　这幅木质马路底板上一共有8种车,其中警车、消防车、救护车是孩子们都认识的车,其他的车如:垃圾车、运菜车都是幼儿不常见的。而且马路底板上车子停放的地方幼儿也不能很明显地判断出来,所以造成幼儿在操作时难以判断。

●接下来我们要做什么

　　教师的策略支架——认识车的家

　　利用投影仪认识马路上的垃圾站、菜场等地方,便于幼儿根据底板的内容去判断需要什么样的车。这样给幼儿一个抓手,从而避免模糊不清的概念。

[案例 3]　　　　　排列单一的小火车

● 这里发生了什么

对于"小火车开来了"操作材料，幼儿都能按照一种颜色或两种不同颜色的方法来进行排序，但我们希望的单色两种或三种图案的较复杂排序没有出现，我们提供这样的材料对幼儿能力的发展起不了促进作用。

● 我们的思考

由于在上一个主题活动"全家总动员"中，我们有贴瓷砖的活动，也是按一定规律排序，房子的墙壁一排只贴六块砖，在一段时间的探索练习后，我班幼儿已经较好地掌握了排序的一般规律。在"车子真能干"主题活动开展之际，我们设计了"小火车开来了"操作材料，预想因为火车车厢较长，排序的过程较长，应该对幼儿是一个挑战，结果实际活动当中，幼儿能将在贴瓷砖活动中得到的有效经验迁移到该活动中，但是按简单规律排序对幼儿没有难度，缺乏挑战，说明我们提供材料前没有对幼儿的学习能力进行充分的了解和测评。此外，在没有新支架的前提下，幼儿是不能自主发现复杂的排列方式的。

● 接下来我们要做什么

教师的信息支架——排列有多种方法

教师示范幼儿没有排列过的方法，告诉幼儿排列有多种方法，激发幼儿的思维。

教师的策略支架——接着往下排

在不同的火车头后粘贴不同的排序方法，有单色三种不同图案的，有双色同种图案的，有双色不同种图案等多种排列方式，请幼儿接着往下排，让幼儿在活动中感知有挑战的、有一定难度的排列方式，挑战幼儿的认知能力。一段时间后，教师及时更换不同的排列方式，让幼儿不断练习，找到多种排列方法。

[案例4]　　　　　我们喜欢玩迷宫

● 这里发生了什么

游戏时间到了，幼儿纷纷去选择自己想玩的游戏，这时，瑶瑶搬起了椅子走到了"汽车俱乐部"，开始操作墙面的汽车迷宫游戏。只见她搬起小篮子，将车子的情境图片先摆放在迷宫的上半部分，刚摆放到第三张图片时，一旁的乐乐跑过来指着第一幅图说："瑶瑶，这幅图需要的车你还没摆好啊！"瑶瑶继续操作着自己手中的材料，头也不抬地说："我先把上面的图片放好，然后再来找车子。"乐乐听了后："哦！"但是丝毫没有离开的意思，一直站在旁边看着，想去一起玩，但是又无从下手。此时，瑶瑶已经将迷宫上半部分的图片插好了，她一看乐乐在旁边，边拉起乐乐的手说："乐乐，我们一起玩吧，你来找下面需要的车子好吗？"乐乐一听，迫不及待地说："好啊，好啊！"就这样，两个人开始了游戏，当乐乐操作完后，他俩又调换顺序，乐乐摆放上面的图片，瑶瑶匹配下面需要的车子，忙得不亦乐乎。

● 我们的思考

这个活动的设计借用了迷宫的游戏方式，让幼儿通过分析用车的情境去判断需要的车。幼儿首先需要判断图片的信息内容，进而去判断需要的车。通过迷宫的方式，将枯燥的匹配活动变得更加有趣。此外，巧妙的活动设计也能增进幼儿的合作和交往能力。迷宫的形式可以幼儿一个人玩，也可以两两玩，并且两两玩的方式可以互相商量，这样也增加了活动的趣味性，促进了同伴之间的交往。

● 接下来我们要做什么

教师的策略支架——请瑶瑶和乐乐介绍新玩法

在游戏讲评时，请瑶瑶和乐乐说一说他们是怎么玩汽车迷宫的，肯定他们的新玩法，鼓励幼儿向他们学习，同时，鼓励幼儿对游戏玩法进行创新。

区域三：汽车展览中心

一、区域来源

在上一个主题"全家总动员"的活动中，幼儿尝试搭建了家所在的小区，幼儿不仅搭建出小区的楼房、大门、围墙……还在小区里用几块积木搭出了车库及自家的汽车。由于小区内空间较小，幼儿会在楼房旁摆放一块小积木，把积木想象成汽车。随着主题活动"车子真能干"的开展，幼儿自发的开始在建构区尝试搭建汽车，由此"汽车展览中心"的区域产生了。

二、情境创设

在前一阶段"爱家建筑屋"的位置，安置大门，布置出"汽车展览中心"的入口。在周围的玩具架上，摆放幼儿搜集的各种汽车玩具、模型，墙面悬挂各种汽车图片，让幼儿多角度感知各种各样的汽车，玩具架上的汽车模型既是展品，又是模仿搭建的参照物，便于幼儿交流有关汽车的信息。

三、区域材料

	活动目标	项目、材料与分析	材料照片	玩法提示
第一阶段	1. 观察自家的车、公交车、面包车，知道车由车头、车身、车轮三个主要部分组成 2. 能运用垒高、对称等技能来搭建常见车，能对称地搭建两边的轮胎 3. 能大胆介绍搭建车的车名、功能	1. 汽车设计师 ● 材料："汽车设计师"挂牌 ● 分析：提供挂牌可以明确幼儿汽车设计师的角色身份，规定游戏人数 2. 搭建小轿车、公交车、面包车 ● 材料：半圆形、拱形积木，各种汽车玩具、模型，配有点卡的汽车搭建范例步骤图 ● 分析： （1）提供半圆形、拱形积木，方便幼儿利用两两对拼的方法，表现车轮胎的形状 （2）通过观察汽车玩具、模型，让幼儿多角度观察、触摸不同汽车，进而感知它们的主要特征及车头、车身、车轮的位置关系。因为这些小车是幼儿自己带来的，是幼儿认识、喜欢的，教师希望幼儿在搭建中能够相互介绍自己带来的车的名称、功能，借鉴同伴经验进行学习 （3）点卡的顺序提示着搭建的顺序，通过搭建步骤图，幼儿能掌握汽车的搭建顺序，尝试自主学习、自主搭建		1. 幼儿以汽车设计师的身份进入汽车展览中心搭建汽车，在搭建中可以通过玩具汽车模型或汽车搭建步骤图进行模仿搭建 2. 搭建好后可向前来参观的同伴介绍自己搭的车的车名及功能

续表

活动目标	项目、材料与分析	材料照片	玩法提示
第二阶段 1. 尝试利用梯子形、手枪形等积木表现消防车云梯、救护车车头等特种车的特征 2. 大胆介绍自己搭建的特种车的名称、功能，知道它与我们生活的关系 3. 认识常见的交通标志：红绿灯、斑马线等，知道这些标志的含义，能遵守交通规则	**1. 搭建消防车** ● 材料：手枪形、梯子形积木 ● 分析：手枪形积木便于表现特种车的车头，梯子形积木便于表现消防车云梯 **2. 搭建场景** ● 材料：提供红绿灯、斑马线标志牌 ● 分析： （1）将搭建台布置成马路，马路上标有常见的交通标志，如斑马线、红绿灯等 （2）搭建台布置成马路的样子，让幼儿的搭建过程更加具有趣味性，在仿真的情境中学习交通规则，真正体现了玩中学 **3. 视频播放搭建图片** ● 材料：在电视上滚动播放警车、救护车、消防车的实物图片及搭建图片 ● 分析：实物图片帮助幼儿回忆特种车的外形特征，搭建图片帮助幼儿学习同伴经验		汽车设计师在布置成马路情境的搭建台上，选择合适的位置进行搭建

四、融合途径

1. 活动途径的融合

集体活动	区域活动	生活活动
语言活动： 马路上的车	搭建小汽车、公交车 （由集体活动生成）	在日常生活中认识马路上的轿车、公交车等
社会活动： 会唱歌的车	搭建消防车、救护车 （由集体活动延伸）	知道警车、救护车、消防车的鸣笛声各不相同
社会活动： 认标志讲安全 （由区域活动生成）	观察马路上的交通标志，在合适的位置搭建车辆	找找身边的交通标志

2. 学习目标的融合

（1）健康领域的融合

◆ 知道不在马路上奔跑、玩耍等安全常识。

（2）语言领域的融合

◆ 在活动中愿意向前来参观的幼儿介绍自己搭建的车子的名称、功能及交通安全知识。如"我家的车是大众轿车。""小司机看到红绿灯时要停下来。""这个标志是奥迪、这是大众、这是雪佛兰……"

（3）社会领域的融合

◆ 知道过马路看红绿灯，走路、开车靠右行等公共规则。

◆ 愿意与同伴分享自己带来的玩具车模型。

◆ 知道在搭建积木过程中要遵守规则，走路时知道互相避让，否则会出交通事故。

（4）艺术领域的融合

◆ 通过搭汽车，感受车身及左右轮子的对称带来的平衡感、美感。

3. 游戏情节的发展

◆ "汽车展览中心"与娃娃家：向前来参观的幼儿介绍自己搭建的汽车的名称、功能。

五、案例点击

[案例 1]　　　　　**房车是什么样子的？**

● **这里发生了什么**

在"汽车展览中心"搭建汽车的时候，大部分的幼儿都会搭建三层或四层的汽车。每当我询问幼儿这是什么车的时候，他们会说："这是房车，第一层是做饭的，第二层是睡觉的，第三层是客厅，是出去玩的时候开的车。"

● **我们的思考**

在上一个主题活动"全家总动员"中，幼儿在"爱家建筑屋"的活动中已经有了一定搭建楼房的经验。在搭建汽车的活动中出现搭建三层和四层汽车的现象，看来他们将搭建楼房的经验迁移到了搭建汽车的活动中。又因为我们在区域中投放了双层巴士的汽车图片，幼儿就主观地认为有双层的汽车，就会有三层的汽车、四层的汽车。而当我们询问是什么车时，幼儿都能说出车的名称及用途，说明幼儿对于房车有一定的了解。但是他们对于房车的认知只是停留在名称和用途上，对于房车的结构及特征是不了解的。

● 接下来我们要做什么

教师的信息支架——什么是房车

教师在评价环节出示了房车外部和内部的照片，让幼儿更加直观地了解了什么是房车。房车又称"车轮上的家"，兼具"房"与"车"两大功能，是一种可移动的"家"。车内可分为驾驶区域、起居区域、卧室区域、卫生区域、厨房区域等。

教师的策略支架——支持和鼓励幼儿的想象力

教师面对幼儿搭建的"高层"房车要给予鼓励，保护幼儿的想象力和创造力。在了解房车的基础上，鼓励幼儿大胆地发挥想象设计搭建未来的房车。

[案例 2]　　　　　　　　　　分不清头和尾的车

● 这里发生了什么

在"汽车展览中心"开展的第一阶段，我们主要围绕家用小汽车和公共汽车进行积木搭建。小设计师已经能用兔耳朵形来表现小汽车、公共汽车的车头车尾，用电话形和正方块表现车身，用半圆形和月亮形表现轮子。

当娃娃家"爸爸妈妈"来到"汽车展览中心"参观时，小设计师们都能主动介绍自己搭建的车名，并说出小汽车可以带全家出去玩或供爸爸上班开，公共汽车大家都可以乘坐，乘客有的上班有的上学。可是在参观过程中经常有参观者指着车，提出疑问："哪边是车头？"小设计师搭建的小汽车、公共汽车等车辆从外观上看车头车尾一个样，是没法区分的。

● 我们的思考

幼儿通过分享自己带来的玩具车，对小汽车、公共汽车的外形特点已经有了都初步的了解，同时我们在"汽车展览中心"的墙面上有意识地张贴了一些积木搭建的汽车、公共汽车的示范图，给予幼儿搭建汽车支持。所以幼儿能较好地运用不同的积木表现小汽车、公共汽车的外形特点。由于我们提供的小汽车和公共汽车的范例从外形上看是比较对称的图形，加上在幼儿搭建的过程中没有去强调和提示搭建的车要能看出车头车尾，所以幼儿在搭建过程中也只关注车的外形轮廓，没有意识去关注车的内部和细节。

而参观者发现问题正应了旁观者清这一说法，幼儿在参观的过程中自然迁移了生活中已经有的车的车头车尾不一样的经验，所以提出疑问。

● 接下来我们要做什么

教师的策略支架——通过观察对比了解车头和车尾不一样

首先请幼儿观察玩具车模型的车头和车尾，注意观察车头和车尾的区别。再请幼儿对比自己搭建的汽车，引导幼儿发现分不清车头与车尾。引导幼儿用搭建排气管表现车尾，搭建驾驶员的座位或搭建方向盘表现车头等。

[案例 3]　　　　　　　　卡车有几个轮子？

● 这里发生了什么

在本阶段我们鼓励幼儿尝试搭建卡车、面包车等车辆，小设计师在搭建卡车的过程中，轮子的数量引起了争议，"卡车有几个轮子？"设计师们各持己见争论不休，大部分幼儿认为卡车有四个轮子，少数幼儿认为卡车有六个轮子。

● 我们的思考

幼儿在日常生活中观察到的大都是四个轮子的卡车，带来的玩具卡车大都也是四个轮子的，所以大部分幼儿原有经验就是卡车有四个轮子。六个轮子大都是重型卡车，在我们生活中较少见，幼儿缺乏相关的经验。今天的争论是幼儿关于卡车的认识冲突，但它有利于幼儿扩展有关卡车的知识经验，从而提升相关经验。

● 接下来我们要做什么

教师的策略支架——有四个轮子的卡车，也有六个轮子的卡车

教师告知幼儿，常见的卡车多是四个轮子，这些卡车一般装较少较轻的货物，如水果等。有六个轮子的卡车叫重型卡车，它们运输较大较重的货物，比如运输汽车等。

教师的策略支架——观察与对比

教师引导幼儿观察四轮卡车和六轮卡车的模型，找出它们的异同点，讨论用不同的长度的长板和轮子的数量来表现普通四轮卡车和重型六轮卡车。

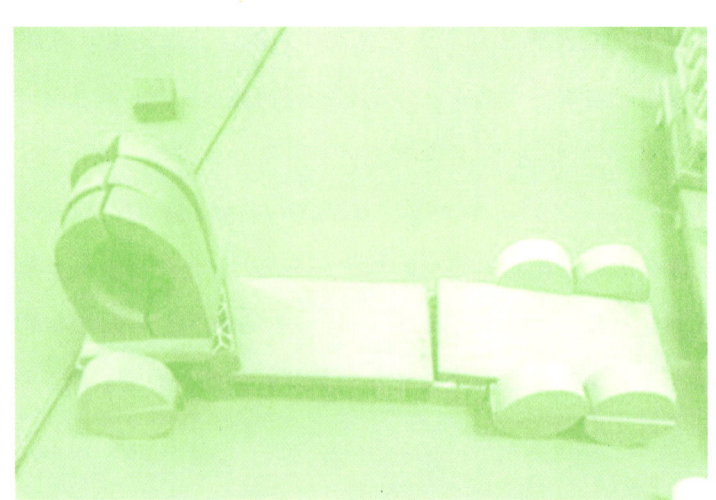

[案例4] 招惹非议的"花车"

● 这里发生了什么

几名设计师正在"汽车展览中心"里兴致勃勃地搭建各种车。

正当我暗自高兴的时候,菲菲跑到我面前认真地说:"老师,瑶瑶在乱搭!你快看看!"边说边把我拉到瑶瑶身边。我看了看桌面上的作品,瑶瑶搭的车造型非常特别,我问:"瑶瑶,你搭的是什么车呀?"瑶瑶很自豪地向我介绍:"我搭了三辆车,这个是兔子车,这是比萨车,这是小花车。"瑶瑶指着兔子车说:"这里是小兔子的耳朵,后面还有个小尾巴。"这时菲菲说:"你搭得不对,这不是车。"

● 我们的思考

我们班正在进行主题活动"车子真能干",幼儿在其他区域活动中的经验能够运用在"汽车设计中心"的活动中,幼儿扮演汽车设计师的角色,将对汽车的认知经验运用到积木搭建的活动中,搭建出各种各样的车,幼儿对其乐此不疲,非常有成就感。

在活动中瑶瑶发挥了自己的想象力设计了三种造型独特的车,却受到了其他小朋友的非议。因为班上没有人搭过这样的车，老师也没有介绍过类似的车，在其他的区域活动中也没有相关经验的提供。在孩子们眼中这样另类的行为是不被允许的，所以才会和老师告状并质疑瑶瑶的设计作品。

● 接下来我们要做什么

教师的策略支架——拓展幼儿对"花车"的认知经验

幼儿之间争执的时候，小朋友的一句"这不是车！"引起了教师的关注。教师及时抓住了这一教育契机，教师首先调动幼儿的已有经验，回忆在游乐园里见过的游行花车。再肯定瑶瑶没设计的作品，在全班幼儿面前表扬其创造行为，不仅鼓励了瑶瑶继续创新搭建的信心，还为其他幼儿起到了良好的示范作用。

区域四：汽车纪念品商店

一、区域来源

随着主题活动"车子真能干"的开展，幼儿带来了各种各样的玩具汽车，有警车、公交车、赛车、越野车、小轿车等。休息时幼儿常把小汽车摆在地上边摆弄着边叫卖着："快来买啊！"教师和幼儿进行商量后决定开一家汽车纪念品商店，可以把他们带来的玩具汽车摆放在商店里展览买卖。

二、情境创设

把靠窗户的一面墙设置为"汽车纪念品商店",运用一个材料柜和两个三层货架隔出一个售卖的空间。在"汽车设计中心"我们沿用了原来"美家设计屋"的"马路"作品展示板,并在"马路"的中间贴上黄线,表示行车道,融入了社会领域目标"驾驶汽车时知道遵守交通规则"。"汽车纪念品商店"里的"汽车设计中心"就设置在它的旁边,这样便于设计中心的设计师设计好汽车模型后送到"商店"进行买卖活动。

车子真能干
/ 137 /

三、区域材料

	活动目标	项目、材料与分析	材料照片	玩法提示
第一阶段	1. 能按常用车、特殊车分类摆放汽车纪念品 2. 能大胆地选择涂色、撕纸粘贴的方式给汽车美容。尝试运用剪刀沿着汽车轮廓剪 3. 能够运用折房子的方法折出小汽车，并贴上车轮，会贴画车窗和车门 4. 知道常见车的结构。能够运用小长方形纸盒和长方形牙膏盒制作小汽车、卡车、货车等	1. 汽车分类 ●材料：三层货架两个、自行设计分类标记 ●分析：随着主题活动"车子真能干"的开展，幼儿认识了各种各样的汽车，了解了汽车可以按照常用车和特殊车并进行分类。教师在"汽车纪念品商店"中提供了贴有标记的三层货架，一方面是让"汽车纪念品商店"更加富有情境，一方面幼儿在活动中可以通过按标记分类摆放进一步感知不同种类汽车的外观特征 2. 汽车美容 ●材料：汽车底图若干 ●分析：小班幼儿特别喜欢涂色活动，在上一个主题活动"全家总动员"中，幼儿已经有一定的涂色经验了，为了满足幼儿对涂色活动的喜爱，教师根据主题活动"车子真能干"进行了调查，通过调查表的方式了解幼儿知道哪些汽车。从幼儿完成的调查表中教师选择了几种幼儿熟知的汽车并制成底图投放在活动中以供涂色		1. 挂好角色牌后将汽车按标记分类摆放 2. 挂上正在营业的牌子，有顾客来购买物品时能够热情地招待，没有顾客来可以选择给汽车美容（涂色、粘贴）

续表

	活动目标	项目、材料与分析	材料照片	玩法提示
第一阶段	5. 能够热情地招待顾客，会使用礼貌用语"欢迎光临！""欢迎下次光临！"	3. 我家的小汽车 ● 材料：剪好的圆片若干、正方形彩色纸若干、折好的汽车范例 ● 分析：幼儿在主题活动"全家总动员"中，已经有了折房子的经验。在日常活动中教师在折房子的基础上，通过改变或增加步骤，折出了钢琴和簸箕。以此激发幼儿的探索欲望，调动幼儿的好奇心。围绕主题活动"车子真能干"，教师与幼儿展开了讨论，讨论如何在折房子的基础上改变一步或增加一步折法折出小汽车。经过讨论，教师按照幼儿的想法折出了小汽车的范例并投放在区域活动中 4. 设计车 ● 材料：各种大小不同的长方形纸盒、剪好一面的长方形纸盒、双面胶、瓶盖若干 ● 分析：围绕主题活动"车子真能干"的第一个核心概念"各种各样的车"，开展了集体活动"车子开来了"、"马路上的车"，认识了一些生活中常见的汽车。教师在活动中提供了各种纸盒，幼儿在活动中可以从中挑选合适的纸盒进行制作，挑选纸盒的同时也是对汽车结构的经验回顾		3. 自由选择用折叠或拼贴的方法表现各种车，进行创意设计

续表

活动目标	项目、材料与分析	材料照片	玩法提示
第二阶段 1. 展示汽车作品时，能够按照汽车"行驶的方向"选择车道进行粘贴，并知道与前车保持距离 2. 知道特殊车的特征及结构，能运用纸盒、瓶盖、易拉罐制作搅拌车、油罐车等 3. 尝试运用双面胶进行粘贴，知道将撕下的废纸放入废纸篓	1. 汽车设计展板 ● 材料：贴有黄线的马路背景图 ● 分析：沿用了原来"美家设计屋"的"马路"作品展示板，并在"马路"的中间贴上黄线，在"行车道"上标上箭头提示幼儿行车的方向。幼儿在给汽车"美容"完后，运用剪刀剪下汽车图案并贴在"马路"上。一方面情境化的展板可以增添幼儿操作的兴趣，另一方面可以融入交通安全规则的目标，在粘贴汽车的过程中了解粘贴汽车时要与别人的汽车空一段距离，知道在马路上需要保持安全的车距。在"汽车纪念品商店"中教师投放了两个三层货架，货架上贴有常用车和特殊车的标记，供幼儿分类摆放汽车纪念品 2. 设计特殊汽车 ● 材料：纸盒、果奶罐、蓝色和红色插塑玩具、"110"、"120"、"119"标志若干 ● 分析：随着主题活动"车子真能干"的深入，幼儿在"汽车展览中心"搭建了特殊汽车，如警车、救护车、消防车、混凝土搅拌车、油罐车。幼儿将搭建中的对特殊汽车的认知经验迁移至"汽车美容中心"设计汽车的活动中。在活动中有的幼儿在车身上写上了"110"表示自己设计的是警车，于是教师在活动中提供了"110"、"120"、"119"等标志，让幼儿设计的汽车更加形象、逼真		1. 选择合适的废旧材料设计常见车或特殊车 2. 制作完成后送给管理员验收，合格后可以得到奖励

四、融合途径

1. 活动途径的融合

集体活动	区域活动	日常活动
	各种各样的车（涂色、粘贴）（由日常活动生成）	观察马路上汽车的颜色
	小轿车（看步骤图折纸）（由日常活动生成）	在家中愿意进行折纸活动
社会活动：车子开来了 语言活动：马路上的车	常见的汽车（纸盒设计）（由集体活动延伸）	在生活中观察不同汽车的外观
	"特殊的汽车"（纸盒设计）（由建构区活动延伸）	喜欢翻阅有关汽车的书籍

2. 学习目标的融合

（1）健康领域的融合

◆ 会正确使用双面胶，能双手配合撕下双面胶上的纸，发展幼儿手的灵活性。

◆ 能用剪刀沿汽车的轮廓剪，边线基本吻合，促进手的协调性。

（2）语言领域的融合

◆ 能够有礼貌地接待前来买车的顾客，会使用礼貌用语"欢迎光临""再见"。

（3）社会领域的融合

◆ 愿意自己的事情自己做，知道爱护班级的环境，剪下来的废纸要及时

放入废纸碗中。

◆ 在展示作品时,知道遵守交通规则,粘贴汽车时能与前面的汽车保持一定的安全距离。

◆ 认识常见的汽车和特殊汽车,了解汽车的主要结构。

(4)艺术领域的融合

◆ 能够借助折叠房子的方法,通过增添一步折法,增添车轮,制作小汽车。

◆ 能够选择合适的纸盒、奶罐、瓶盖等废旧材料,制作常见汽车和特殊汽车。

3. 游戏情节的发展

◆ "汽车纪念品商店"与其他区域:向其他区域活动中的幼儿推销汽车模型。

五、案例点击

[案例1]　　马虎的设计作品也可以展览吗?

● 这里发生了什么

"汽车纪念品商店"的设计师们在为汽车美容时速度特别快。有的设计师在汽车车身中间的位置用蜡笔来回涂两下就算完成了;有的设计师从车身到车窗再到车轮都用一种颜色,也不"跳过"黑线;还有的设计师在沿着轮廓剪汽车的时候,一会车身剪缺一块,一会车轮剪缺一块。设计师们一味求制作的速度,不求质量,一切只为了能快点把自己的作品展示在墙上。

● 我们的思考

从小班开学以来,我班幼儿就特别喜爱涂色的活动。从刚开始涂色不知道涂色的顺序到现在涂色知道先涂边再涂中间,能够按照一个方向进行涂色。幼儿有了一定的技能后,对于涂色的热情更高了,因此我们对主题活动中的"车子真能干"进行了调查,从幼儿调查的结果中选择了他们熟知的几种汽车底图投放在区域中,以满足幼儿涂色的愿望。

可是在最近的活动中我们发现,大部分幼儿涂色特别快,对待涂色活动变得马虎了，沿着轮廓剪汽车也是非常马虎。从幼儿画完一张又拿一张的行动来看，幼儿对于涂色活动还是比较感兴趣的，因为在涂色活动中能够找到成就感。以前是能完成一张涂色就很有成就感，现在是以涂好汽车的数量多为成就感。所以幼儿出现了涂色马虎、图快的现象。幼儿对新鲜事物渴望有更多的尝试，我们在肯定幼儿热情的同时也要提醒幼儿要耐心地做事。

● 接下来我们要做什么

　　教师的策略支架——情境表演，不是所有的汽车都能展览

教师在评价环节与一名幼儿扮演游客，走到"汽车设计中心"参观。教师："哇！这里有好多汽车呀，笑笑你喜欢哪辆车？"笑笑说："我喜欢这辆小汽车。""为什么呢？""因为它颜色漂亮，没有空白的地方。"教师手指着启洋的小汽车问："咦？这辆小汽车怎么会有白色的边呢？"这时其他的小朋友抢着说："她没有剪掉！""这个车颜色涂得乱七八糟，不好看。"教师追问："这样的汽车能贴出来展览吗？"小朋友们齐声答道："不能！"教师总结：不是所有的汽车都能展览的，能展览的车都是颜色均匀、颜色涂满、没有留白边的。

[案例 2]　　　　　　　大小不一样的车窗

● 这里发生了什么

幼儿在汽车纪念品商店设计中心担任汽车设计师的角色，运用废旧的纸盒制作汽车，将彩色纸剪、贴制作车窗。幼儿在制作公交车时，贴的窗户大小虽然是一样的，但由于选择的纸盒有大有小，常常会出现窗户漏在纸盒外面的情况。我们引导幼儿观察这一问题，幼儿共同讨论后觉得，根据纸盒的大小，调整车窗的大小。可是幼儿经调整后的车窗依然大的大、小的小，有的窗户被剪得歪七扭八。

● 我们的思考

在上一个主题"全家总动员"设计楼房的活动中，我们发现幼儿设计的窗户有大有小，参差不齐。根据这一情况我们给幼儿提供了画好直线的彩纸，

幼儿用剪刀沿着直线便可以剪下四个大小相等的方块作为窗户。为了让幼儿的经验得到延续性的发展，我们在主题"车子真能干"设计汽车的活动中，也提供了画好直线的彩色纸，目的是让幼儿将制作楼房窗户的经验迁移到制作汽车车窗上。但是在活动中我们发现幼儿选择的纸盒有大有小，从而会出现窗户漏在纸盒外面的情况。

虽然幼儿知道可以运用剪小的方式来调整车窗的大小，但是这样随意剪小的方式依旧会导致剪后的形状大小不一。

● 接下来我们要做什么

教师策略支架——集体探索剪出大小一样的车窗

教师给每位幼儿准备一张手掌大小的纸张，先请幼儿自己探索剪出大小相同的图形。有的小朋友运用先画线再剪的方法，有的小朋友运用先对折再沿折痕剪的办法。

教师与幼儿运用对比的方式发现运用先对折再沿折痕剪的办法，就能剪出大小相同的车窗。

[案例 3]　　　　　　　　　为什么总是遭遇退货呢？

● 这里发生了什么

我们在"汽车纪念品商店"里提供了各种各样的纸盒，幼儿能用不同的纸盒制作小汽车。幼儿对这个活动非常喜爱，很快就能制作好一辆汽车。可幼儿在运用纸盒制作汽车的时候，总是找不准车轮的位置。有的车轮之间靠得太近，有的车轮离得又太远，汽车不能保持平衡，导致制作好的汽车总是遭到"汽车纪念品商店"管理员的退货。

● 我们的思考

我们在集体活动"车子开来了"中对汽车的外部特征进行了观察，并一起了解了汽车由三个主体（车头、车身和车轮）组成，所以幼儿在运用纸盒制作汽车时没有问题。但对于车轮的位置，在集体活动中我们没有进行细致的观察，因此幼儿在粘贴车轮的时候都是凭借主观意识去粘贴的。贝贝认为车轮在中心的位置，汽车不会倒。乐乐是迁移了搭建积木的经验，边角对整齐，这样才稳固。而"管理员"也没有仔细地观察过车轮的位置，他们在检验汽车的时候，只观察汽车能否保持平衡，如果不能就退货。

● 接下来我们要做什么

教师策略支架——对比观察不同汽车的车轮位置

在评价环节教师提供了三种汽车——小轿车、公交车和卡车的模型，引导幼儿进行对比观察。教师先出示幼儿制作的小轿车和公交车的车模，请小朋友们进行比较，观察车轮的位置。以此方法对比出车轮的位置，学习正确贴车轮的方法，知道车轮要对称贴。

[案例。]

● 这里发生了什么

今天在"汽车纪念品商店"设计中心的设计师们选用了自己喜欢的颜色装饰了小汽车，汽车上的颜色涂得非常均匀。设计师也非常耐心、细致地沿着汽车轮廓剪下了小汽车图案，贴在了马路的背景图上。我准备对小设计师们进行表扬和奖励。

突然冒出一个声音说："要撞车啦！"我寻声望去，发现是小哲说的。一旁的小岩听见后连忙反驳："你胡说！你胡说……"小哲气呼呼地回应："就是撞车了，撞车了……"教室里充斥着两人的争吵声。

这时，我突然发现在马路上有两辆汽车是头对头贴的。我说："哎呀！是要撞车了，你们发现了吗？"听了我的话，吵闹的教室立刻安静下来。所有的幼儿眼睛都盯着"马路上的车"，经过观察后幼儿抢着讲述自己的发现。笑笑说："车子靠得太近了，刹车就会撞在一起了。"熹熹说："那个车贴错了，往前开就撞一起了。"我说："小哲你的眼睛真厉害，你愿意来帮助我们指挥交通吗？这些车应该怎么开呢？"气呼呼的小哲欣然接受了这个任务。小哲将同一方向的车贴在一条马路上，每一辆车之间还空了一段距离。其他的幼儿们不由自主地给小哲鼓起掌来。

● 我们的思考

小班幼儿特别喜欢涂色活动，在上一个主题活动"全家总动员"中，幼儿们已经有一定的涂色经验了，为了满足他们对涂色活动的喜爱，我们根据主题活动"车子真能干"进行了调查，通过调查表的方式了解了幼儿知道哪些汽车。从幼儿们完成的调查表中，我们选择了几种幼儿熟知的汽车并制成底图投放在活动中。为了让活动更加情境化，我们设计了"马路"图案的作品展示墙。

主题活动"车子真能干"刚开始时，幼儿们在展示作品时都没有人注意到马路上车行驶方向的问题。随着主题活动的深入，活动已经开展到第二阶段，我们围绕第二阶段的核心目标"认标志，讲安全"开展了集体活动"红绿灯会说话""大家来开车"等活动，在活动中幼儿认识了红绿灯、斑马线、行车道、双黄线等生活中常见的交通标志。从上述案例可以看出，小哲将集体活动中获得的知识经验迁移到了区域活动当中，从作品展示墙上发现了与交通规则相关的经验。我们能够及时抓住这一教育契机，通过"指挥交通"的情境巧妙地引导幼儿学习同伴的有益经验，这样的情境式的评价和调整，幼儿更加能接受。在区域活动中每一位幼儿都得到了不同的发展和经验的提升，在区域活动中共同成长。

● 接下来我们要做什么

教师的信息支架——注意行车方向和车距

教师告诉幼儿，在马路上开车需要注意车辆的行驶方向和车与车之间的距离，如果车头对车头或车距很短就会发生交通事故。

区域五：花园小区

一、区域来源

花园小区，即娃娃家游戏，一直是小班幼儿非常喜爱的角色区域活动。随着主题活动"车子真能干"的开展，孩子们自然将生活中爸爸妈妈出行的经验迁移到娃娃家的活动中。于是，我们花园小区的家庭里添置了"小汽车"，幼儿在游戏中不仅能够体验当小司机的乐趣，了解一些乘车、开车的基本常识，还会遵守交通规则。

二、情境创设

沿用了上一主题娃娃家的环境创设，随着"车子真能干"主题活动的开展，我们增添了车库、车牌、马路、斑马线、红绿灯、安全出行手册等，创设了与主题活动相适宜的游戏环境。

三、区域材料

	活动目标	项目、材料与分析	材料照片	玩法提示
第一阶段	1. 能根据出行需求，尝试用小汽车或小推车带宝宝出行 2. 能将自己家中的车安全停放在车库中 3. 体验当小司机的乐趣	1. 出行 ● 材料：提供小汽车和推车 ● 分析：围绕主题"车子真能干"开展了系列活动，第一阶段围绕"各种各样的车"的核心概念，熟悉了自己家的车子以及常见车，在区域活动中教师有意识地提供了汽车与推车，一方面加深了幼儿对车子的认知，另一方面促进了娃娃家情节的发展，幼儿在游戏活动时可以根据需求选择小汽车或推车带宝宝出行 2. 停车 ● 材料：在花园小区的空地上贴上车库标记、划好车位 ● 分析： （1）幼儿知道了自己家中各种车以及马路上常见车的名称、外形、特征和用途。教师为了进一步提升幼儿在集体活动中获得的经验，满足幼儿对车的探究欲望，在区域活动中增加了"停车"环节 （2）幼儿在游戏活动中可以根据自己的乘车经历以及对家人停车入库的模仿，能将娃娃家中的车安全地停在车库中		能将自己家中的车安全停放到车库中

续表

	活动目标	项目、材料与分析	材料照片	玩法提示
第二阶段	1. 知道驾车的一些基本常识，能遵守交通规则 2. 知道给车子美容，学会保养自己的车子 3. 尝试开车或推车带宝宝去参观建筑师建筑的楼房以及汽车纪念品商店，体验和家人一起开车外出游玩的快乐	**1. 过马路** ●材料：提供马路、斑马线、红绿灯 ●分析：围绕主题活动第二阶段核心概念"交通规则我知道"开展了主题活动"认标志讲安全"。在活动中幼儿认识了常见的交通标志，比如斑马线、红绿灯等。因此教师在活动室内贴上斑马线，设立红绿灯模拟马路的真实场景，让幼儿在游戏中了解一些乘车驾车的基本常识、学会遵守交通规则 **2. 认识常见交通标志** ●材料：每家提供一本《安全出行手册》。提供《安全出行手》册帮助幼儿认识日常生活中的常见交通标志，加深对交通规则的了解 ●分析：教师根据主题活动"车子真能干"提供了斑马线、红绿灯、安全出行手册。一方面可以将规则习惯的培养融入游戏活动，幼儿能在游戏中自然了解交通规则，提高自我保护的能力。另一方面可以使娃娃家的游戏情节更加丰富，更加贴近幼儿的日常生活，让幼儿体验与家人一起开车游玩的快乐心情 **3. 汽车加油** ●材料：自助加油机、地上贴有"进口""出口"箭头标记 ●分析：娃娃家的"爸爸"、"妈妈"在游戏活动中自发地产生了给汽车加油的情节，为了满足游戏发展情节的需求，教师提供了自助式加油机。并请家长带幼儿去参观加油站，了解加油站的环境及为汽车加油的过程。师幼共同讨论后，在地上贴出了"进口"和"出口"箭头的标志，使汽车可以有序地进出、排队加油。		1. 开车或推车出行时注意地上的线以及红绿灯的变化 2. 能给自己家中的车清洗、加油 3. 在开车或推车出行前能够自行翻阅安全出行手册

四、融合途径

1. 活动途径的融合

集体活动	区域活动	日常活动
社会活动： 红绿灯会说话 社会活动： 认标志讲安全 健康活动： 大家来开车	在游戏中能根据红绿灯、斑马线以及一些交通标志驾车行驶	在与同伴和家人共同活动中愿意遵守交通规则。走路时懂得避让，在人多的地方不奔跑
	在游戏活动中知道给自己家中的车子加油，了解加油的流程，并遵守规则，有序进出加油站 （由生活活动生成）	可以和父母一起去加油站体验给汽车加油的过程

2. 学习目标的融合

（1）语言领域的融合

◆ 能用简单的语言讲述自己家中车子的结构和外形特征。

◆ 能用简单的语言讲述应遵守的交通规则。

（2）社会领域的融合

◆ 了解乘车过程中的一些基本规则、基本常识，知道怎样进行自我保护。

◆ 了解斑马线、人行道的作用，能根据红绿灯的指示行驶，养成遵守交通规则的初步意识。

◆ 知道交通安全的重要性。

（3）数学领域的融合

◆ 通过给汽车做清洁，感知基本的空间位置与方位，理解上下、前后、里外等方位词。

3. 游戏情节的发展

◆ 娃娃家与"汽车美容中心"：给车子清洁、美容。

◆ 娃娃家与"加油站"：给车子加油。

◆ 娃娃家与"汽车展览中心"：开车带宝宝参观，听"汽车设计师"介绍各种车子。

五、案例点击

[案例 1]　　　　　　　　不断出行的车

● **这里发生了什么**

孩子们一进入娃娃家，第一件事情就是推着小推车带"宝宝"出去玩，有小汽车的家庭也是第一时间开车。有的一会儿去超市、一会儿又去"汽车展览中心"；有的家庭经常将"宝宝"独自丢在家里，自己开车就出去了。往往回家没有休息一会儿，就又开着车外出，时常会出现"爸爸"或"妈妈"到处找自己的另一半的现象。娃娃家里很少看到"爸爸妈妈"的身影。

● **我们的思考**

随着"汽车真能干"主题活动的开展，我们分别在娃娃家里提供了两辆小推车和两辆小汽车。幼儿对新鲜的事物总是充满好奇心和探究欲望，他们迫不及待地想要尝试，所以车的出现立即吸引了幼儿的全部注意，他们忙于自己的兴趣，完全淡忘了自己作为爸爸或妈妈的职责，所以对娃娃家做饭、照顾宝宝、去超市等情节暂时忽视了。

另外，我们的汽车可以乘坐两个人，所以"爸爸妈妈"在出行时基本上一起行动，小推车只适合一人推行，所以谁拿到就自然地推出去了。材料的提供对幼儿的行为是有一定影响的。

● **接下来我们要做什么**

教师的信息支架——小推车是照顾宝宝的工具

引导幼儿讨论：车有什么用？我们在家里什么时候需要用车？应该怎样用车？告知幼儿汽车、小推车都是方便我们照顾宝宝的工具。

> 教师的策略支架——观察找问题、大家齐解决
>
> 将幼儿自己开车外出,把"宝宝"独自丢在家里的情节拍成视频展示给幼儿看,让他们从中自己找问题,大家再一起讨论解决的方法。首先让幼儿意识到我是爸爸,我是妈妈,我的首要任务是照顾好宝宝,引导幼儿根据需要合理使用车。

[案例 2] 乱停乱放的小汽车

● 这里发生了什么

娃娃家的"爸爸妈妈"开着车一会儿带"宝宝"去"汽车俱乐部"玩,一会儿开着车带"宝宝"去"汽车展览馆"参观;一会儿又开着车带"宝宝"去"汽车商店"购物,非常开心。可是每次外出,到一个地方就将小汽车随便一丢,常常挡了其他幼儿的路,经常遭到投诉。

● 我们的思考

小汽车已经成为娃娃家"爸爸妈妈"出行的便捷工具,幼儿也能较有目

的地开车外出。虽然我们提示幼儿将车停在不影响其他小朋友活动的地方,可是活动室空间较小,加上没有固定的停车场所,所以出现了幼儿将小汽车随意停放的现象。

● 接下来我们要做什么

教师的信息支架——车应该停在停车场

教师询问幼儿:"爸爸妈妈带你们开车出去玩时,车停在哪里?"幼儿有的说停在马路边,有的说停在停车场。教师告知幼儿:"马路边是不能随意停放的,汽车应该停在停车场,所以我们的小汽车外出时也要停放在停车场。"

教师的策略支架——打造停车场

教师引导幼儿讨论自己班适宜做停车场的位置,最终确定将活动室后墙较为空旷的位置作为自己班的停车场,并制作了停车场的标记P,在地上贴出停车位,完成自己班停车场的建设。

[案例 3]　　　　　　　　要加油的小推车

● 这里发生了什么

璨璨是103家的"爸爸"，他推着小车走在去超市的路上，看见101家"爸爸"给小汽车加油的一幕后，立刻调转车头向加油机的方向走去。

璨璨把小推车停在加油机旁，一手拿起油枪对准小推车，一手按着加油机上的按钮。嘴巴里还嘀嘀咕咕地说道："我的小推车也要加点油！"

● 我们的思考

随着主题活动的深入，开车外出的幼儿自发地产生了加油的情节，我们及时提供了自助加油机，并请家长带幼儿去加油站参观，因此幼儿对于加油的程序是了解的。但幼儿对哪些车子可以加汽油，哪些车子不需要加汽油并不清楚。在娃娃家中，小推车的功能是用来推着宝宝玩的，它并不需要加汽油。

自助加油机是我们刚投放进娃娃家的新玩具，每位幼儿对它都抱有极高的兴趣和探究欲望，因此在区域活动时他们经常会自己探索如何操作自助加油机。当璨璨看到别人都开着汽车前来加油的时候立马被吸引了，他也想自己动手操作自助加油机，在活动中满足自己的兴趣。

● 接下来我们要做什么

教师的信息支架——哪些车子需要加汽油？

教师向幼儿介绍常见的汽车、摩托车等车子需要加汽油，而电动车、自行车、婴儿推车等不需要加汽油。

[案例4]　　　　　　　我教宝宝来认车

● 这里发生了什么

瑶瑶手里拿着一辆自制的小汽车来到104家，"咚咚咚，有人在家吗？"瑶瑶有礼貌地问道。"有呀，请进。"蔡蔡打开门邀请瑶瑶。"这是送给你们家宝宝的小汽车。"瑶瑶说着将手中的小汽车递给蔡蔡"妈妈"。"谢谢。"

这时，一旁的李哲拽拽蔡蔡的胳臂："妈妈，我们上班去吧。"蔡蔡看看瑶瑶，灵机一动："瑶瑶，我和爸爸要上班去，你帮我们看宝宝吧。""好的。"瑶瑶爽快地答应了。

蔡蔡"妈妈"和李哲"爸爸"开着小汽车向活动室外驶去。

瑶瑶在家抱起"宝宝"，对"宝宝"说："来，阿姨给你讲这里发生了什么。"说着拿起桌上一本名为《我的汽车城》的小书，边翻边说："这是小汽车，这是公共汽车。"翻到下一页，"这也是公共汽车。"我看到这一幕，微笑着说道："这辆车和公共汽车挺像的，你瞧，它是专门接送哥哥姐姐上学放学的，这叫校车。""哦，宝宝，这是校车，不是公共汽车。"瑶瑶连忙说道。

● 我们的思考

随着"车子真能干"主题活动的开展，娃娃家有了仿真小汽车，出现了"爸爸妈妈"开着小汽车外出参观的情节。今天104家的"爸爸妈妈"一起开车外出却没有带宝宝，原来是将自己爸爸妈妈开车上班的情节迁移到了娃娃家的活动中。

而到娃娃家来做客的瑶瑶临时充当了保姆的角色，在带"宝宝"的过程中将前一阶段出现的"爸爸妈妈"去宝贝书屋借书给"宝宝"看的情节进行了再现。并将我们近期认识各种车的活动也迁移了进来，于是有了给"宝宝"介绍车子的情节。

可见，玩具车和有关车的书给予幼儿迁移经验的纽带，不但丰富了娃娃

家的情节，同时有效地将主题活动中感知车的特征、车的作用等核心经验进行了应用和提升。

● 接下来我们要做什么

教师的信息支架——向幼儿传达阅读的好处

评价环节中教师鼓励和表扬了瑶瑶带"宝宝"阅读图书的行为，并让幼儿了解到我们可以从图书中获取知识，知道阅读图书的好处。

教师的策略支架——在日常生活中激发幼儿对阅读的兴趣

兴趣具有动力作用，也就是说人的兴趣可以直接转换为动机，成为激发人们进行某种活动的推动力。因此，在日常活动中教师可以带幼儿一起阅读"宝贝书屋"里的图书，或请幼儿带领其他幼儿阅读，以此增加幼儿对阅读的兴趣，确立幼儿在阅读中的主体地位，充分发挥幼儿的自主性、能动性、创造性，让喜爱阅读渗透到幼儿的生活中。

[案例 5]　　　　　　　我是交警

● 这里发生了什么

毅毅"爸爸"没有和"妈妈"打声招呼就推着空空的小推车从花园小区里出来，他来到了斑马线前看了一眼红绿灯，直接推着小推车走了过去，这一幕被路过的天天看到了，他直接跑到了小推车面前，拦住了毅毅说："我是交警，你没等红绿灯，请停车！"

● 我们的思考

主题活动"车子真能干"第二阶段的核心概念是"交通规则我知道"，因此在花园小区中我们提供了红绿灯、斑马线等以引导幼儿在游戏中懂得过马路的一些基本交通规则，例如：幼儿知道出行时要注意避让行人，注意看红绿灯，学会"红灯停，绿灯行。"

在案例中，毅毅在遇到红绿灯的时候选择了忽视它，没有在原地停下来等待，而天天在看到毅毅这样的行为之后，拦住了他并告诉他应该等红灯，这说明天天已经在活动中了解了相关的交通基本常识与规则，并能运用到实践中，同时他给自己确定了一个新的身份——"交警"，以此融入游戏，从而与他人进行有效的互动。

从另一方面也反映出毅毅缺乏一定的责任感，在外出时不和"妈妈"进行商量选择独自外出，同时他还把自己的兴趣点投放在推车子上，不明白小推车是用来照顾宝宝的工具。他喜欢推着车子在活动场地来来去去，遇到红灯也不停，遇到行人也不避让，不遵守交通规则。

● 接下来我们要做什么

教师的策略支架——增加"交警"的角色

在平时的观察中，教师也能在其他幼儿身上看到类似的行为，因此下一步就需要我们引导幼儿一起梳理交通规则。案例中的天天自发充当"小交警"也给予了我们一个解决问题的出发点，我们可以在花园小区中加入一个新角色"交通警察"，一方面能促进娃娃家中游戏情节的发展，另一方面也能引起幼儿对遵守交通规则的高度重视。

区域活动的评价

一、幼儿的评价

幼儿姓名	幼儿的评价
朵朵	朵朵以前总是莽莽撞撞，推着小推车带着宝宝到处跑。现在朵朵知道要遵守交通安全，推车要走人行道，还能按照地上的箭头推小推车。（娃娃家里用推车带宝宝外出游玩）
冉冉	冉冉在给制作好的小轿车上添画乘客时，总喜欢在小人的身体上画一道斜着的黑线。冉冉说："坐车要系好安全带噢！"（在"汽车纪念品商店"里的设计中心用彩纸折出小汽车并进行添画）
小哲	"这个是停车场标志。""看到这个是不能停车的。"（在"宝贝书屋"里边看交通标志车边介绍给同伴听）
小米	"消防车要开到消防中心。""垃圾车要送垃圾到垃圾站。""小朋友们坐校车去学校咯！"（在"汽车俱乐部"里玩"汽车找家"的活动）
大牛	"老师，我有进步吧！昨天搭的是大炮车，今天我搭的是大象花车。"（在"汽车展览中心"用积木设计搭建汽车）
乐乐	乐乐在搭好的汽车周围，用插塑围着汽车周围搭了一圈，还放了一个P的标志。他说："这里是停车场！"（在"汽车展览中心"用积木设计搭建汽车）
小瑾	小瑾抱着宝宝来到"汽车纪念品商店"买了一辆警车。小瑾对着宝宝说："宝宝，这个是警车，你看上面有个警车的标志……"（娃娃家的妈妈到"汽车纪念品商店"给宝宝买汽车玩具）
洋洋	"妈妈你安全带系好了吗？抱紧宝宝哦！我要开车了。"洋洋嘱咐完"妈妈"后发动了汽车。（娃娃家的"爸爸"开车带家人外出）
牛仔	"看我的车厉害得不得了，它可以在路上开，还可以开到水里。到水里轮子就会自动收起来的。"（在"汽车展览中心"向来参观的小朋友介绍自己设计的汽车）

二、家长的评价

幼儿家长	家长的评价
笑笑的奶奶	每次过马路，笑笑都要跟我说："奶奶要走斑马线，不能闯红灯。"
黄金的妈妈	在家用A4纸做了十几辆公交车，上放学的路上经常观察公交车的轮胎个数以及位置。我开车时会提醒我不能压双黄线，停车时看到P会很兴奋
杨杨的妈妈	杨杨以前只喜欢布娃娃，对车都不感兴趣。现在认识了很多车，每天在上学和放学回家路上都要和我说马路上的各种车
璨璨的妈妈	璨璨每次坐上车，就要开始给我们上课了，看到有转弯，调头这些标志都会提前讲解的

续表

幼儿家长	家长的评价
冉冉的妈妈	以前在车上冉冉会动来动去和爸爸妈妈哄闹,现在知道不能影响驾驶员,不能开窗户把头、手伸出窗外
孟阳的爷爷	孟阳在路上就开始指手画脚地给我介绍看见的标志。她说:"一个喇叭上面画个叉是代表不能鸣笛!""这里不能停车。""这里是停车场。"
嘉嘉的爸爸	现在家里用过的纸盒、喝过的奶罐都不让我们扔掉,她说要做汽车用。家里已经有好几辆她做的汽车了
伟伟的妈妈	伟伟现在对一切关于汽车的事情都充满了好奇,经常让我在百度查各种各样的汽车给他看
璟雯的妈妈	我开车时会宝贝会提醒我不能压双黄线,停车时看到P会很兴奋地说:"是停车场呀!"

三、教师的评价

1. 幼儿的变化

汽车原本是男孩子们的最爱,他们对于车的兴趣非常浓厚。主题活动"车子真能干"历时四周即将结束,教师发现现在女孩子们对于车也是充满了好奇,常常与男孩子们讨论有关车的话题。

在"汽车展览中心"中,男设计师设计汽车时大多比较关注车的性能,有的给车加上喷火加速器,有的给车加上水陆两用功能。而女设计师则在意汽车的外观是否独特、时尚,有的在车顶上设计了花朵形的天窗,有的在车身上设计了间隔的花纹等等。"汽车纪念品商店"里的设计师运用各种各样的废旧纸盒、饮料罐设计了警车、油罐车、大卡车等等,受到了管理员的好评。设计师们设计的汽车很畅销,娃娃家的"爸爸"、"妈妈"开车带宝宝外出游玩时,都要带着宝宝去"汽车纪念品商店",为"宝宝"挑选汽车玩具。在"汽车俱乐部"中有各种各样的汽车拼图、有趣的汽车接龙等等,小游客们畅游在汽车的小小世界中。

2. 教师的变化

（1）区域材料的准备也有幼儿的参与。

材料的投放是区域活动实施与开展的核心，它对幼儿行为的产生与发展起着非比寻常的作用。材料既是教育意图的物质载体，又是幼儿与知识之间的桥梁，更是诱发幼儿兴趣、促进其个性发展的媒介。

让幼儿参与到材料的准备中可以极大地调动幼儿参与游戏的积极性与主动性。区域游戏中的物质材料也是可以比较生活化的，大多数是可以让幼儿从生活中收集来的。例如：根据主题活动"车子真能干"的内容，号召幼儿在生活中注意收集空瓶子、瓶盖、盒子等，在"汽车纪念品商店"中可以运用废旧材料制作各种各样的汽车。又如：主题活动"车子真能干"开始后，教师引导幼儿与家长一起收集有关车的图片、书籍、玩具车等，并和教师一起投放材料，将创设区域的过程作为幼儿学习的过程。在这一过程中，幼儿的交往能力、语言表达能力、解决问题能力、获取信息材料的能力得到了发展，责任感和任务意识得到了加强。

（2）有目的地观察，根据幼儿的需要调整活动。

以往教师会注意不断地在各个区域间来回观察和参与游戏，留意观察每个区域幼儿的兴趣操作情况和交往能力。其实这样面面俱到式的观察方法，根本观察不到幼儿们经验有没有得到提升，幼儿们的能力有没有得到发展。现在，教师在观察游戏前先明确自己观察的目标和重点，带着目的进行观察，观察后再针对观察到的现象从主题活动的开展情况、教师对材料的提供情况、幼儿的年龄特点、幼儿的已有知识经验等方面进行审议，然后教师再给予幼儿一定的经验支撑，根据幼儿的需要调整活动。以此让区域活动真正体现"以幼儿为主体"的教育发展原则，尊重和关爱每个幼儿的成长。

附集体教学活动

活动1　我家的车（社会）

【活动目标】

1. 能根据声音和车辆图片的部分进行猜测，正确感知各种家用车的特征。

2. 乐意向同伴介绍自己家的各种车辆，了解这些车辆的功能。

3. 体会车辆给我们生活带来的便利。

【活动准备】

1. 经验准备：请幼儿观察自己家的各种车辆，了解其名称。

2. 物质准备：常见自行车、摩托车、电动车、小汽车图片，遮挡用纸，请家长和孩子一起收集自己家的各种车辆图片或照片。

【活动过程】

一、根据部分猜测整体，激发幼儿对车的认知兴趣

1. 出示遮挡的车图片，教师：亮亮家最近新买了一辆车，你们猜猜是什么车？这是给谁用的车？

2. 幼儿自由猜测。

3. 教师：这是一辆婴儿车，原来是亮亮的舅妈生了一个小妹妹，为小妹妹买的婴儿车。

4. 出示遮挡部分图案的小汽车、自行车、电动车等，引导幼儿猜测，并说出这些车的名称。

二、幼儿相互交流自己收集的"我家的车"资料，进一步感知家庭用车的名称和功能

1. 教师：亮亮家有婴儿车、自行车、电动车，你家有什么车？这些车是给谁用的？

2. 幼儿将自己收集的有关自己家车的资料和身边的小朋友进行交流，能边看图边说出车的名称和作用。

3. 请个别幼儿介绍自己家的车，在介绍的过程中其他幼儿家如有相同的车，就出示相应图片和大家一起分享。

三、游戏：猜猜这是什么车？根据声音辨别车

1. 教师在黑板上出示婴儿、爷爷奶奶、叔叔阿姨、小朋友的人物图片，然后出示一辆车的图片或请幼儿倾听自行车、小汽车等声音，幼儿正确说出这是什么车，请谁来坐车，将人物图片与车图片进行匹配。

2. 用动作来表现开车和坐车。如：嘀嘀嘀，嘀嘀嘀，小汽车开来了，爷爷请上车。丁零零，丁零零，自行车骑来了，小朋友请上车。

【活动延伸】

将小汽车、婴儿车、摩托车、自行车、三轮车等图片布置在区域活动中，添加数量标记，开展"谁来坐车"的活动，在进行车与人匹配的活动中，认识各种车辆，并感知5以内数量。

【活动材料】

各种车图片、人物图片。

活动2 车有几辆（数学）

【活动目标】

1. 能手口一致地点数5以内数量的车，进行数物匹配。
2. 观察不同车的数量，进行分类并统计它们的数量。
3. 继续感知小汽车、自行车、婴儿车等家用车的特点。

【活动准备】

1. 经验准备：已经认识小汽车、自行车、婴儿车等家用车，并能正确说出其名称。

2. 物质准备：小朋友图片四张、小汽车、自行车、电动车、婴儿车图片若干、1~5点卡各一张、圈五个、"数一数车有几辆"作业单。

【活动过程】

一、游戏：薇薇家有几辆车？手口一致地点数5以内数的车辆

1. 教师出示小汽车、自行车、电动车、婴儿车图片：这是薇薇家的车，请帮她数一数，她家有什么车，一共有几辆车？（幼儿点数，并用点卡来表

示车的数量）

2. 再请幼儿手口一致地点数小乐家、美美家各有几辆车。

二、游戏：小汽车开来了。进一步熟练点数 5 以内数量

1. 教师：请小朋友看一看，薇薇家楼下开来了几辆车？（教师请四名小朋友拿着圈当方向盘，开到活动室中间）

2. 幼儿边拍手边点数车的数量，并正确说出："开来了 4 辆车"。

3. 换司机，游戏继续。

三、数一数，画一画，熟练点数不同的车辆并做记录

教师出示作业单：请小朋友看一看，这里有哪些车？（幼儿说出车名）请小朋友数一数小汽车有几辆，在下面小汽车的标记旁就画上几个圈。

【活动材料】

车子统计表

提示语：请小朋友将下面这些车分分类，数一数，每种车各有多少，并将统计结果记录下来。

_____ 辆   _____ 辆

_____ 辆   _____ 辆

活动 3 儿歌 马路上的车（语言）

【活动目标】

1. 感知马路上常见车的特征，理解儿歌内容，学会朗诵儿歌。

2. 学习象声词：嘀铃铃、涮丝。

3. 增强对马路上车的了解。

【活动准备】

1. 经验准备：幼儿已参观过马路上的车，熟悉各种车的声音。

2. 物质准备：自行车、大客车、小汽车、扫路车、洒水车图片。

【活动过程】

一、游戏：猜猜这是什么车？初步感知不同的车发出的声音

1. 教师模仿不同车发出的声音，请幼儿猜测这是什么车？幼儿猜测，教师出示相应的车图片。

2. 请幼儿学一学各种车辆发出的声音。

二、理解、认识儿歌中描述的车，学会朗诵儿歌

1. 教师：你在马路上看见过哪些车？
2. 幼儿自由表达自己看见过的车。
3. 教师：请小朋友听一听，老师在马路上看到了哪些车？教师朗诵儿歌《马路上的车》：大的车，小的车，来来往往很多车，"嘀铃铃"自行车，"嘀嘀"小汽车，"嘟嘟"大客车，"唰丝"扫路车，"5—3—5—3"洒水车。
4. 幼儿自由表述从儿歌里听到的车，并找到相应的图片，教师引导幼儿学习儿歌里的语言。
5. 教师引导幼儿集体、分组、对歌的形式学习儿歌。

三、分别扮演不同的车表演儿歌

1. 幼儿自选一种车按照儿歌顺序排成一排，边朗诵边做相应的动作。
2. 交换角色继续表演。

活动 4　我的小汽车（美术）

【活动目标】

1. 观察小汽车的外形特征，尝试用折叠、剪贴的方法制作小汽车。
2. 大胆添画，表现开车和乘车的情节。
3. 知道小汽车为我们的生活带来便利。

【活动准备】

1. 经验准备：已经会折叠房子。
2. 物质准备：范例、小汽车车身、轮子两个、正方彩色纸人手一张、画有两个圆形的黑色蜡光纸人手一张、剪刀、胶棒、抹布若干。

【活动过程】

一、教师扮演魔术师，吸引幼儿注意力

教师出示一张彩色正方形纸：小朋友，你们好，我是魔术师，今天我要将这张纸变成一辆小汽车，你们想知道是怎么变的吗？

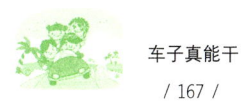

二、在魔术师变魔术的过程中感知小汽车的制作过程

1. 教师：请看仔细，我要开始变了。（教师示范先折叠房子，再将房子的下半部分往上折叠变成小汽车的身体，再剪两个圆形当车轮粘贴在车身下，完成小汽车的制作。）

2. 请幼儿说一说小汽车制作的过程，教师将过程逐一出示。

三、幼儿扮演魔术师，尝试制作自己的小汽车

1. 教师：请小朋友也来当小魔术师，将这张正方形纸变成一辆小汽车。

2. 幼儿制作，教师巡回个别指导。

3. 教师：你的小汽车想请谁来坐？请你画下来。

4. 幼儿在制作完成的小汽车上添画人物。

四、展示幼儿制作的小汽车，相互欣赏

将幼儿制作完成的小汽车张贴在背景墙上。

活动5　会唱歌的车（社会）

【活动目标】

1. 认识救护车、消防车、警车，了解它们与人们生活的关系。

2. 通过"听声辨车"的游戏活动，认识会唱歌的车，能说出汽车的名称。

3. 对各种各样的汽车感兴趣。

【活动准备】

1. 经验准备：幼儿对救护车、消防车、警车有一定的了解，只知道汽车会发出"滴滴叭叭"的喇叭声。

2. 物质准备：救护车、消防车、警车的图片，《会唱歌的车》有声书一本。

【活动过程】

一、出示会唱歌的汽车图片，调动幼儿已有知识经验

1. 出示救护车、消防车、警车、火车、洒水车的图片。

教师：马路上来来往往有好多汽车，你们都认识哪些汽车呢？

2. 调动幼儿的已有经验，说一说特种车与我们生活的关系。

教师：你们知道这些汽车是用来做什么的吗？

二、认识特种车的基本特征、用途及鸣叫声

1. 观察救护车的外观特征，了解用途及鸣叫声。

教师：哇！宝宝们，看，这是什么车？（救护车）你们怎么知道是救护车？

教师小结：原来，救护车和医生一样穿着白衣服，身上还有一个重要的红十字标志，车顶上还有警报器，有了这些重要标志，就一定是救护车。

教师：宝宝们，救护车是用来干什么的？（急救病人）它去救人时是怎样唱歌的？让我们一起来学一学，我们再听一听救护车是怎样叫的？（点击救护车的小喇叭播放录音。）

2. 观察警车的外观特征，了解用途及鸣叫声。

教师：请宝宝们闭上小眼睛，变变变，哇！你们看变出什么车了？（警车）

教师：看警车上面也有什么？（警报器）警车是什么颜色？（蓝白色的）警车是用来干什么的？（抓坏蛋的）它在抓坏蛋的时候是怎样唱歌的？我们一起来学一学，再让我们来听一听它是怎样唱歌的。（点击警车的小喇叭播放录音）它"喂喂"地唱歌好像在说什么？（快让开，快让开，我要去抓坏蛋。）

3. 观察消防车的外观特征，了解用途及鸣叫声。

教师：消防车是什么颜色的？（红颜色）它的上面也有什么？（警报器）看，车上面有什么？（高压水枪）消防车是用来干什么的？（救火的）它执行任务是怎样唱歌的？让我们听一听它是怎样唱歌的。（点击消防车的小喇叭播放音）

3. 通过听声辨车的游戏，认识常见特种车。

（1）教师播放特种车的声音，请幼儿猜一猜是什么车。

（2）请个别幼儿模仿特种车的声音，其他幼儿进行猜测。

三、出示有声书《会唱歌的车》

教师：马路上只有这三种车会唱歌吗？

教师：这本书的名字叫会《唱歌的车》，老师会把书放在"宝贝书屋"，你们可以看一看，听一听，还有哪些车会唱歌。

【活动延伸】

将活动中用过的教具《会唱歌的汽车》有声书投放在阅读区"宝贝书屋"。

活动6　这是什么车（音乐）

【活动目标】

1. 初步感知歌曲欢快的节奏，尝试对唱的演唱方法。

2. 通过问答演唱的游戏，学唱歌曲《这是什么车》。

3. 喜欢与同伴用问答的方式演唱歌曲，体验对唱游戏的快乐。

【活动准备】

1. 经验准备：幼儿对声音特别的汽车已经有了一定的了解，能说出它们的名称并能模仿出不同车的声音。

2. 物质准备：《这是什么车》的音乐，消防车、警车、救护车、火车的图片。

【活动过程】

一、情境导入，初步感知歌曲欢快的节奏

1. 教师和幼儿跟随欢快的音乐握着小方向盘，边做相应的模仿动作边走进教室坐好。

教师：小司机们，准备好了吗？让我们一起开着小汽车去做游戏吧。

教师：请小司机们找到自己的停车位（小椅子）休息一会儿吧。

2. 引导幼儿回顾已有经验，模仿车子发出的声音。

教师：请你们用声音告诉我们你知道什么车？

二、通过对唱的游戏，初步学唱歌曲

1. 教师范唱歌曲，引导幼儿讨论这是什么车。

教师：你们猜猜这是什么车？它发出了什么声音？"丁零零，丁零零，这是什么车呀？丁零零，丁零零，这是什么车呀？"

2. 教师再次范唱歌曲，幼儿尝试跟唱。

3. 教师与幼儿尝试对唱歌曲。

4. 教师配合动作范唱歌曲，引导幼儿创编动作表现这是什么车。

5. 教师演唱问的部分，幼儿边演唱歌曲边用动作回答。

三、出示不同车的图片，尝试替换歌词，创编歌曲

教师：这是什么车？会发出什么声音？我们怎么把它唱到歌里呢？

教师：图片在"宝贝书屋"里，你们可以自己编一编，唱一唱。

【活动延伸】

将歌曲中出现的图片投放在益智区"汽车俱乐部"中，在幼儿统计、分类车的活动中，模仿车发出的声音。

活动7 爱心救护车（体育游戏）

【活动目标】

1. 能手拿着"小动物"在15~20厘米宽的平衡木上行走，保持身体平衡。
2. 能运用爬、跳、钻等技能通过障碍，将"小动物们"安全地送到医院。
3. 知道救护车的职责是救死扶伤。

【活动准备】

1. 经验准备：幼儿已经了解救护车的特征和用途。
2. 物质准备：每人一个"120"头饰、各种小动物玩偶、垫子、拱形门、篮子、圈若干。

【活动过程】

一、通过检查车况的情境进行热身活动

教师当救护车队长，幼儿当救护车司机，听信号在场地上开车、加油、停车等做准备活动。

二、通过护送受伤"小动物"去医院的情境，练习在15~20厘米的平衡木上行走

1. 创设情景，激发幼儿的兴趣。

教师：今天森林里的小动物们都生病了，动物医院的救护车不够用，现在，动物医院想请小朋友帮忙，把小动物们赶快送到医院看病。

2. 教师讲解游戏要求。

幼儿戴上"120"头饰就可以变成一辆救护车,到森林里救小动物们了。可是,森林里的路很难走,要过独木桥、钻山洞、跳草地等才能到,每辆救护车只能把一个小动物送到医院。

3. 重点练习如何过独木桥,个别幼儿进行示范。

教师:提醒救护车们路过这里时,要注意保持身体的平衡。

4. 游戏"爱心救护车"。

幼儿扮演救护车,去森林里把小动物们送到医院。

三、放松活动"清洁救护车"

教师:森林的路真难走,救护车都弄脏了,让我们来让救护车变干净吧。擦擦车身,擦擦车轮……(按摩膀子和腿)

活动8 小火车开来了(数学)

【活动目标】

1. 能运用三种颜色有规律地进行排列,设计火车的车厢。
2. 通过插塑玩具尝试不同规律的排列方式。
3. 喜欢参与数学活动,有耐心地进行活动。

【活动准备】

1. 经验准备:有过贴瓷砖、串项链的游戏经验。
2. 物质准备:六组插塑玩具。(蓝色、黄色、红色)

【活动过程】

一、律动导入,小火车开来了

播放音乐,教师做火车头,幼儿做车厢,随音乐节奏开火车。

二、运用三种颜色插塑玩具尝试不同规律的排列方式

1. 出示教师范例,引导幼儿观察。

教师:我的小火车车厢有几种颜色?我是怎么排的呢?

2. 请个别幼儿示范排列的方式。

教师:还可以怎么设计火车车厢呢?请一个小朋友来试一试。

3. 幼儿自主操作，用插塑设计火车的车厢。

4. 教师巡回指导，观察幼儿的操作情况。

三、展示幼儿设计的火车车厢

教师选择幼儿设计的火车，引导同伴间互相观察学习。

教师：他设计的车厢是怎么样排的呢？

【活动延伸】

在益智区中提供不同的车厢图片开展"小火车开来了"的活动，在活动中幼儿迁移自己的已有知识经验，进行间隔排序。

活动 9　安全小乘客（健康）

【活动目标】

1. 了解乘坐公共汽车的安全事项。

2. 能按图片的内容讲述安全乘车的方法。

3. 乘车时有安全意识，愿意做文明的小乘客。

【活动准备】

1. 经验准备：有坐车的经验。

2. 物质准备：将活动室的小椅子分区域摆放，布置成汽车站点的场景，安全小乘客挂图一张。

【活动过程】

一、玩"乘坐公交车"游戏，知道排队上下车

玩法：在教室几个地点放置小椅子作为站牌，要乘车的乘客在站牌处等车。教师扮演公交车司机，司机边念儿歌边开到站台带客："公交车跑得快，要坐的小朋友快上来。"在站台等待的幼儿一一排队"上车"。公交车开动过程中，司机报站名，并提醒乘客注意安全等。

二、结合图片进行讲述，深入了解乘坐公共汽车的安全事项

1.（出示图片）教师：图片中的小朋友在乘车过程中做了什么？做得对不对？

2.两两讨论,再请个别幼儿发表自己的意见。

3.将正确乘车的图片挑出来,请小朋友看图讲述一遍,巩固乘车安全知识。

三、学做文明小乘客

1.教师:坐公共汽车不但要注意安全,还要做文明小乘客,那怎样做文明小乘客呢?

2.用图片进行小结,学习文明乘车儿歌。"不能抢位,排队上车。不能吃东西,乱扔果壳。不把头手伸出窗外。文明乘车真正好。"

3.教师:欢迎文明小乘客来坐我的车。带领幼儿玩"乘坐公交车"游戏,开车过程中表扬文明乘车的幼儿。

活动10 大家来坐车(数学)

【活动目标】

1.通过仔细观察,发现相匹配的人和车,感受人与车之间的关系。

2.能根据车子的用途,尝试匹配相关人物,并用简单的语言讲述人车匹配的理由。

3.知道特定的车由特定的人坐,感受车给不同的人带来的便利。

【活动准备】

1.经验准备:了解过家庭成员用车的情况,知道这些车子的名称和功能。

2.物质准备:婴儿小推车,婴儿学步车、儿童自行车、成人自行车、电动车、校车、一家人图片,"大家来坐车"操作单。

【活动过程】

一、以游戏的方式出示婴儿推车,引出话题。

1.教师:小推车来喽,谁来坐我的小推车?(娃娃)

2.教师小结:娃娃家小推车是给娃娃坐的。还有许多车要由不同的人来坐。

二、出示儿童自行车等图片,初步发现相匹配的人和车

1.出示人物和车:这是××一家人,他们各自都需要什么样的车?请小

朋友帮忙找一找。

2. 幼儿尝试匹配，集体讨论匹配是否正确，说说原因。

3. 小结：不同的车要由不同的人来坐，知道不同的车为不同的人带来便利。

三、说一说，连一连，继续感知人与车的关系

1. 教师出示操作单：请小朋友说说这上面有哪些车？旁边有哪些人？这些人该坐哪辆车？

2. 幼儿进行连线操作练习，再次感知人与车的关系。

3. 相互介绍：谁坐了什么车？

活动11　公交车开来了（美术）

【活动目标】

1. 感知公交车的外形特征，学习用长方形、正方形、圆形粘贴公交车。

2. 大胆添画，表现人们乘坐公交车的情节。

3. 愿意尝试用图形贴画的形式表现自己观察到的公交车。

【活动准备】

1. 经验准备：有坐公交车的经验。

2. 物质准备：大长方形彩纸一张、正方形彩纸四张、圆形彩纸两张、每人长方形彩纸一张、正方形彩纸四张、圆形彩纸两张、胶棒等。

【活动过程】

一、回忆在马路上看过或坐过的公交车，引起幼儿兴趣

1. 通过猜谜的方式帮幼儿回忆。

教师：你们在马路上看到过的，有的小朋友每天坐它上幼儿园，这种车是大大的长方形的，有许多窗户，有四个轮子，可以坐很多人。原来是辆公交车。

二、尝试用长方形、正方形、圆形彩纸制作公交车，并表现人们乘车的情景

1. 尝试用长方形、正方形、圆形彩纸摆放出公交车的外形

（1）拿出示范画，幼儿观察。

教师：瞧！一辆公交车开来了，公交车是由哪些形状组成的？幼儿讲述。（长方形、正方形、圆形等）

（2）自由尝试，拼一拼、摆一摆。

提供操作材料，幼儿在桌上自主将彩色图形纸拼摆成公交车的外形。

（3）发现问题，讨论解决。

教师将幼儿摆的过程中发现的问题提出，请幼儿说说怎样调整。

小结：在摆放车窗的时候要注意车窗的距离。

2.幼儿尝试将摆好的彩纸粘贴成公交车并进行添画。

（1）请幼儿用胶棒把摆好的图形粘贴成公交车。

（2）教师：你的公交车想请谁来坐？请你画下来。

（3）幼儿制作，教师巡回个别指导。

（4）幼儿在制作完成的公交车上进行添画人物。

三、作品展示

将幼儿制作完成的公交车张贴在有马路的背景墙上。

活动12　红绿灯会说话（社会）

【活动目标】

1.能掌握"红灯停、绿灯行""过马路要走斑马线"的交通规则。

2.建立基本的交通安全意识，学习按信号做动作。

3.过马路时愿意遵守交通规则。

【活动准备】

1.经验准备：幼儿已初步了解交通规则。

2.物质准备：在操场上创设十字路口的场景，场景中包括斑马线和红绿灯标记。红灯绿灯标记牌各一个，五角星贴纸，人手一个圈（游戏中作为汽车方向盘）。

【活动过程】

一、游戏：我是汽车小司机，体验"红灯停、绿灯行"的交通规则

1. 幼儿每人拿一个圈当方向盘，在操场上的十字路口场景处。

教师：小司机们，开着你们的小汽车到马路上去吧！开车时要注意安全哦！（幼儿在"马路上"自由开汽车。）

2. 出示红绿灯标志。

教师：小司机你们看这是什么？你们看到红灯应该怎样？看到绿灯又应该怎样？

师幼共同小结，知道"红灯停、绿灯行"的交通规则。

二、加入交警角色，再次玩"我是小司机"的游戏，学习按信号做动作

1. 教师当交警，根据情况出示红绿灯，幼儿按照红绿灯的指示信号做相应动作。

2. 请两名幼儿当小交警，出示红绿灯标记，其余幼儿按照红绿灯的指示再次玩游戏2~3次。

三、了解"斑马线"的作用，知道行人过马路时要走斑马线

1. 带幼儿到斑马线处。

教师：马路上汽车这么多，行人要过马路怎么办呀？

2. 斑马线在哪儿？它们有什么作用？

3. 带领幼儿走"斑马线"。

四、游戏"马路上"，再次体验车子、行人在马路上要遵守交通规则

1. 请两名幼儿（或配班老师）当交警，其余幼儿自选当司机或行人，进行游戏。提醒幼儿避免碰撞，遵守交通规则。

2. 为遵守交通规则的幼儿发五角星贴纸。

活动13　认标志讲安全（社会）

【活动目标】

1. 认识红绿灯和黄线，了解它们的用途。

2. 通过"开汽车"的游戏，了解交通规则。

3. 尝试按信号做动作，初步具有遵守交通规则的意识。

【活动准备】

1. 经验准备：在来园和离园的马路上，幼儿已观察过红绿灯、黄线。

2. 物质准备：设置马路（没有红绿灯）、制作好的红绿灯、音乐《开汽车》。

【活动过程】

一、幼儿玩"开汽车"的游戏，引起幼儿活动兴趣

听音乐幼儿当司机，自由开汽车。

二、通过"开汽车"游戏引导幼儿讨论，认识红绿灯、黄线的特征，了解用途

1. 教师提问：

（1）刚才，我们在玩开汽车游戏时发现了什么问题？

（2）车子碰撞了怎么办？把你的想法和好朋友说一说。

（3）车子停在哪里呢？

2. 幼儿互相交流，并能大胆讲述。

3. 认识"红绿灯"和"黄线"。

（1）教师出示"红绿灯"，介绍其用途。

（2）教师出示有黄线的车道图片。

4. 教师小结。

开汽车时要注意根据红绿灯的信号，需要停车时要停在黄线内，这样交通秩序才不乱。

三、游戏"红绿灯"

1. 交代游戏规则，看信号做动作。

2. 幼儿游戏，模仿开汽车动作，一个跟着一个向前跑，按信号做动作。

【活动延伸】

游戏"红绿灯"可在户外活动中反复进行游戏。

活动 14　还有谁要上车（语言）

【活动目标】

1. 理解故事内容，感受故事中象声词运用的趣味性。

2. 在公共汽车游戏中，学习并理解故事中的象声词。

3. 喜欢阅读故事。

【活动准备】

1. 经验准备：幼儿已经参观过马路上的车，熟悉各种车的声音。

2. 物质准备：故事《还有谁要上车》课件，绳子。

【活动过程】

一、阅读故事，感受故事中的象声词

1. 教师完整讲述故事。

2. 引导幼儿根据画面回忆故事情节，说说动物们是如何上车的。

3. 请幼儿模仿多种动物上车时发出的声音，帮助幼儿理解故事中使用的象声词的趣味性。

二、玩"公共汽车"游戏，学习故事中的象声词：嘟嘟嘟、滴滴滴、嘎嘎嘎、嘭嘭嘭、叽叽叽

1. 将绳子打个结摆成一个大圈，当作公共汽车；在几个地方放置小椅子作为站牌，要乘车的小动物在站牌处等车。

2. 教师当司机，请个别幼儿扮演上车的小动物，并且要学习小动物的叫声。

三、完整欣赏故事

【活动延伸】

1. 提供图片供幼儿在语言区创编儿歌。

2. 提供头饰供幼儿在表演区表演。

活动15　开车歌（音乐）

【活动目标】

1. 感受音乐中的行进与停止。

2. 在音乐游戏中，分辨行进与停止的信号并做相应的动作。

3. 体验扮演司机开车的乐趣。

【活动准备】

1. 经验准备：幼儿知道"红灯停，绿灯行"的交通规则。

2. 物质准备：音乐《开车歌》、鼓。

【活动过程】

一、和幼儿讨论关于开车的问题，请幼儿自由表达想法

1. 有哪些小朋友是乘汽车来上幼儿园的？

2. 通常是谁开车呢？

3. 怎么开车呢？

4. 什么时候车子会停下来呢？

5. 车子遇到交通信号灯时，该怎么做？（红灯停，绿灯行）

二、幼儿扮演汽车司机，初步感受行进与停止

1. 幼儿跟随教师的鼓声假装开车行进的动作，车速与鼓声的节奏保持一致。

2. 教师说"红灯"，鼓声停下来，幼儿停止行进；直到教师说"绿灯"并敲鼓时，幼儿再继续开车前进。熟悉玩法后，教师可以不用说"红灯"或"绿灯"，直接用鼓声表示行进与停止。

三、播放音乐《开车歌》，感受音乐中的行进与停止

1. 听音乐，感知乐曲旋律中的哪个地方像是车子遇到红灯了？

2. 随着乐曲用双手做开车和停车等待的动作。

3. 跟随音乐唱《开车歌》，并按照歌词做简单的动作。

四、结束活动

幼儿听着音乐《开车歌》到户外游戏。

活动16　大家来开车（健康）

【活动目标】

1. 初步尝试听指令四散跑，了解游戏规则。

2. 在小动物学开车的游戏中学习在指定范围内四散跑，且能够互相不碰撞。

3. 愿意参加体育游戏，体验奔跑的乐趣。

【活动准备】

物质准备：红、绿、黄圆形灯各一个、音乐《去郊游》、音乐《健康操》。

【活动过程】

一、听音乐，做运动，激发幼儿兴趣

教师：今天天气真好，和妈妈一起来做做欢乐操吧！。

二、通过开车的游戏，练习听指令四散跑

1. 新授游戏"小动物学开车"。

教师发出汽车响的声音，让幼儿辨别是什么声音，然后向幼儿交代开车的方法和要求。

教师：开车时，要两手握住方向盘。双眼看前方。开时要小心，要找空的地方开，不要碰到其他的车辆。看谁开得又稳又安全。（指着地上的小圆圈）这就是停车场。

教师（发令）：你们手握方向盘，按一下喇叭，开车！（幼儿边发出相应声音，边开车。）

教师提示个别幼儿要在空的地方开。

教师：到停车场去休息！

2. 教师小结：表扬部分幼儿的车开得又稳又安全。请几个幼儿做示范，再次强调开车的规则。幼儿练习2~3遍。

3. 教师：今天我们还要学习一个新本领。看见红灯就停，看见黄灯就准备发动，看见绿灯亮了我们就开车，学会了这个本领，我们就可以开着汽车

去玩了！教师控制红绿灯，请几名幼儿示范游戏过程。游戏时强调游戏规则，全班孩子玩 2~3 次。

三、结束部分：感受开车的乐趣

小动物开车去旅游。